Verbesserung der Patientenversorgung durch Innovation und Qualität

ALLOKATION IM MARKTWIRTSCHAFTLICHEN SYSTEM

Herausgegeben von
Heinz König (†), Hans-Heinrich Nachtkamp,
Ulrich Schlieper, Eberhard Wille

Band 71

Eberhard Wille (Hrsg.)

VERBESSERUNG DER PATIENTENVERSORGUNG DURCH INNOVATION UND QUALITÄT

19. Bad Orber Gespräche über kontroverse Themen im Gesundheitswesen

Bibliografische Information der Deutschen Nationalbibliothek
Die Deutsche Nationalbibliothek verzeichnet diese Publikation
in der Deutschen Nationalbibliografie; detaillierte bibliografische
Daten sind im Internet über http://dnb.d-nb.de abrufbar.

ISSN 0939-7728
ISBN 978-3-631-66884-9 (Print)
E-ISBN 978-3-653-06296-0 (E-Book)
DOI 10.3726/978-3-653-06296-0

© Peter Lang GmbH
Internationaler Verlag der Wissenschaften
Frankfurt am Main 2015
Alle Rechte vorbehalten.
PL Academic Research ist ein Imprint der Peter Lang GmbH.

Peter Lang – Frankfurt am Main · Bern · Bruxelles · New York ·
Oxford · Warszawa · Wien

Das Werk einschließlich aller seiner Teile ist urheberrechtlich
geschützt. Jede Verwertung außerhalb der engen Grenzen des
Urheberrechtsgesetzes ist ohne Zustimmung des Verlages
unzulässig und strafbar. Das gilt insbesondere für
Vervielfältigungen, Übersetzungen, Mikroverfilmungen und die
Einspeicherung und Verarbeitung in elektronischen Systemen.

Diese Publikation wurde begutachtet.

www.peterlang.com

Inhaltsverzeichnis

Frank Schöning
Begrüßungsansprache „Bad Orber Gespräche 2014"...7

Sabine Dittmar
Verbesserung der Patientenversorgung durch Innovation und Qualität............11

Josef Hecken
Innovation und Qualität aus Sicht des Gemeinsamen Bundesausschusses........19

Irmtraut Gürkan
Innovationen in Universitätskliniken – Bedeutung für die Versorgung
und Finanzierungsmöglichkeiten 29

Michael Hennrich
Das AMNOG als lernendes System. Bestandsaufnahme und mögliche
Korrekturen..43

Petra A. Thürmann
Chancen und Grenzen der stratifizierenden Therapie 55

Julia Sophia Habbe und Eberhard Wille
Verlagerungen der Produktion von Arzneimitteln in Schwellenländer:
Ökonomische Ursachen und mögliche Haftungsrisiken 65

Dieter Cassel und Volker Ulrich
Die Wahl der Vergleichstherapie im Rahmen der Erstattung von
Arzneimittelinnovationen...81

Markus Frick und Jan Bungenstock
Problem AMNOG-Governance: Macht ohne Gewaltenteilung 103

Johann-Magnus von Stackelberg und Anja Tebinka-Olbrich
Eine Zwischenbilanz des AMNOG aus Sicht des GKV-Spitzenverbands........ 133

Christopher Hermann
Zentrale versus dezentrale Preisverhandlungen bei Arzneimitteln................. 143

Verzeichnis der Autoren.. 153

Frank Schöning

Begrüßungsansprache
„Bad Orber Gespräche 2014"

Meine sehr geehrten Damen und Herren, liebe Gäste,

es ist mir eine große Freude, Sie heute im Namen von Bayer HealthCare Deutschland zu den mittlerweile 19. Bad Orber Gesprächen begrüßen zu dürfen. Ich möchte mich ganz herzlich bei all den hochkarätigen Referenten vorab bedanken, die interessante Vorträge und spannende Diskussionen in der traditionell offenen „Bad Orber" Atmosphäre erwarten lassen, auch wenn „Bad Orb" aus gutem Grunde schon seit einigen Jahren seine Zelte hier in Berlin aufgeschlagen hat. Ein ganz besonderer Dank gilt Herrn Prof. Wille, der in bewährter Form wieder die Gesamtmoderation der Veranstaltung übernimmt.

Die mittlerweile 150-jährige Geschichte von Bayer ist eine Geschichte bahnbrechender Innovationen, von der Synthese der Acetylsalicylsäure über die Entdeckung der Sulfonamide bis zur Entwicklung der Polycarbonate. Eine solche Tradition trägt dazu bei, eine starke Innovationskultur in unserem Unternehmen zu verankern. Man kann auch sagen: Innovation steckt in den „Genen" unserer Organisation. Diese Tradition wollen wir pflegen und weiterentwickeln.

Damit wir dabei erfolgreich sein können, kommt es ganz entscheidend auf ein Umfeld an, das Innovationen als etwas Positives anerkennt – und ihnen eine angemessene Wertschätzung zukommen lässt. Aufgrund der langen Entwicklungszyklen bei der Erforschung und Entwicklung neuer Arzneimittel brauchen wir Planbarkeit und Planungssicherheit.

Einer der wichtigsten Erfolgsfaktoren für Bayer ergab sich dabei stets aus der hohen Bereitschaft, in Forschung und Entwicklung zu investieren.

Heute beschäftigen wir von unseren weltweit etwa 55.000 Mitarbeiterinnen und Mitarbeitern bei Bayer HealthCare allein 7.500 Forscher an den verschiedenen weltweiten Forschungs-Standorten. Dabei hat Deutschland mit Wuppertal und Berlin eine unverändert große Bedeutung. Wir setzen weiter auf den deutschen Heimatstandort. 35.000 Mitarbeiterinnen und Mitarbeiter des Bayer-Konzerns arbeiten an 12 Standorten in Deutschland – das heißt: mehr als jeder 3. Bayer-Mitarbeiter.

Und in der Gesundheitssparte Bayer HealthCare investieren wir trotz eines inländischen Umsatzanteils von nur etwa 7 Prozent erhebliche Mittel in unseren

Heimatmarkt – so gehen rund 50 Prozent unserer Ausgaben für medizinische Forschung und Entwicklung nach Deutschland. Das summiert sich auf mehr als 1 Mrd. Euro.

Ein hochaktuelles Beispiel: Bayer nimmt gerade mehr als 500 Millionen Euro in die Hand, um in Wuppertal und Leverkusen künftig mehr Medikamente auf Basis des rekombinanten Faktor VIII herzustellen. Dieses Projekt gehört zu den bisher größten Investitionen von Bayer und wird bis 2020 rund 500 neue Arbeitsplätze schaffen. Momentan wird der Faktor VIII ausschließlich im kalifornischen Berkeley in den USA hergestellt. Mit einer zusätzlichen Versorgungsquelle in Deutschland werden wir neue Therapieoptionen zur Behandlung der Blutererkrankung schaffen und gleichzeitig die wachsende weltweite Nachfrage bedienen.

150 Jahre Bayer bedeuten Erfolg durch Innovation und Wandel. Rahmenbedingungen ändern sich stetig. Dabei ist hohe Flexibilität gefordert.

Die Unternehmen sind natürlich darauf angewiesen, einen „return" zu erwirtschaften, der die finanziellen Risiken zumindest teilweise abdeckt. Und das sehe ich hier in Deutschland in zunehmendem Maße gefährdet. Viele Reglementierungen und viel Bürokratie hemmen den für unser Gesundheitswesen so notwendigen Wettbewerb. Und auch die letzte große Arzneimittel-Reform, das AMNOG, bedeutet leider kaum eine Stärkung wettbewerblicher Elemente.

Das AMNOG fordert seit mittlerweile 4 Jahren in der Tat allerhöchste Flexibilität von uns ein. Denn Planungssicherheit wird für uns zunehmend zu einem Fremdwort. Nächste Woche, am 11.11., jährt sich die Verabschiedung des AMNOG im Deutschen Bundestag zum vierten Male. Es war ein Paradigmenwechsel von ebenso historischer wie grundsätzlicher Bedeutung, aber gleichzeitig auch von großer Sprengkraft.

Sie wissen, dass wir uns als Industrie mit dem AMNOG aktiv auseinandersetzen – und zwar fast täglich. Dabei gibt es gegen die grundsätzliche Philosophie des AMNOG im Prinzip nichts einzuwenden.

Entscheidend allerdings ist die Umsetzung und wie wir die Regeln im wohlverstandenen gemeinsamen Interesse interpretieren und damit umgehen. Sie wissen, dass wir hier angesichts ernsthafter struktureller Probleme erheblichen Veränderungsbedarf sehen. Ich will der Diskussion von morgen nicht vorgreifen, aber einige Punkte lassen Sie mich bitte gleichwohl hervorheben:

Es ist gut, dass alle Beteiligten das AMNOG als lernendes System ansehen und Fehlentwicklungen korrigieren wollen. Denn das Verfahren läuft noch nicht wirklich rund. Ein Kernproblem ist, dass es keine klare Trennung von Nutzenbewertung und Rabatt- bzw. Preisverhandlung gibt. Die Seite der Krankenkassen dominiert nach wie vor in sämtlichen Verfahrensschritten, damit ist der AM-

NOG-Prozess aus der Balance und gefährdet eine faire Preisbildung für innovative Arzneimittel.

Wir machen uns auch Sorgen, dass bei der frühen Nutzenbewertung und der anschließenden Preisfindung von Arzneimitteln wichtige Fragen des Patientennutzens keine ausreichende Berücksichtigung finden. Das liegt daran, dass die relevanten Fragen doch allzu einseitig auf Basis klinischer Studien eines bestimmten Typs beantwortet werden, nämlich auf Basis randomisierter kontrollierter Endpunktstudien, die zum Zeitpunkt der Bewertung ja vielfach noch gar nicht vorliegen können.

Die Auswahl der Vergleichstherapie muss alleine nach medizinischen Kriterien erfolgen und nicht danach, was am Billigsten ist: Die große Mehrzahl der festgesetzten Vergleichstherapien im AMNOG-Verfahren ist generisch, wir werden dazu im Laufe der Tagung noch Details erfahren. Das heißt, das Arzneimittel unterliegt nicht mehr dem Patentschutz und kostet oft nur noch einen Bruchteil eines neuen Arzneimittels. Das ist auch in Ordnung so, da es seine Entwicklungskosten in aller Regel während der Patentlaufzeit refinanziert haben dürfte. Auf der Hand liegt aber, dass eine generische „Billigtherapie" nicht der preisliche Maßstab für ein innovatives, aufwendig entwickeltes Arzneimittel sein darf. Jedenfalls – und das muss allen klar sein – setzt ein generischer Preisanker keinen Anreiz für die Entwicklung von Arzneimittelinnovationen in Deutschland.

Sichtbar wird dies vor allem in Versorgungsbereichen, in denen es schon lange keine Innovationen mehr gab. Nehmen wir Antibiotika. Hier kann als „zweckmäßige Vergleichstherapie" oft nur ein Generikum herangezogen werden. Für den Nutzenvergleich mag dies vielleicht noch angehen, aber das billige Generikum kann und darf nicht die letztlich entscheidende Basis für die anschließenden Preisverhandlungen sein. Eine solche Preisbildung benachteiligt gerade Anwendungsgebiete, in denen lange kein therapeutischer Fortschritt mehr erfolgt ist.

Wo lange kein Fortschritt war, ist das Preisniveau niedrig, wo der Fortschritt jung ist, ist das Preisniveau hoch – verkehrte Welt. So angewendet bestraft das AMNOG Innovationen. Ein faires Verfahren sieht anders aus.

Angesichts doch mittlerweile zunehmender Vertriebsstopps und häufigerer Opt-out-Szenarien aufgrund des AMNOG ist zu konstatieren, dass verhandelte Preise für neue Arzneimittel kaum auskömmlich mit Blick auf Forschungs- und Entwicklungskosten ausfallen. Das gefährdet dann auch die individuelle Patientenversorgung.

Das ist ein neues Bild in Deutschland, meine Damen und Herren, wenn Innovationen gar nicht mehr zur Verfügung gestellt werden. Das ist ernüchternd und sollte uns alle aufhorchen lassen.

Ein kleiner Preisaufschlag auf der Basis der billigsten Vergleichstherapie führt zu Erstattungsbeträgen, die in ihrer Mehrzahl mittlerweile deutlich unter EU-Preisniveau liegen. Das kann politisch so nicht gewollt gewesen sein. Das wird nicht nur spürbare Versorgungsprobleme, sondern auch Standortprobleme in Deutschland auslösen. Hier brauchen wir dringend andere gesetzliche Vorgaben. Ich möchte mich hier ausdrücklich Jens Spahn anschließen, der schon vor etwa einem halben Jahr darauf hinwies, dass Deutschland darauf achten müsse, dass nicht irgendwann die Preise von Bulgarien und Rumänien gelten. Ich wünsche mir, dass die Politik uns dabei hilft und entsprechend nachsteuert.

Wir alle haben Verantwortung dafür,

- dass innovative Arzneimittel auch weiterhin in Deutschland ohne Verzögerungen zum Patienten gelangen können,
- dass unsere mit hohen Risiken behafteten Ausgaben für Forschung und Entwicklung weiterhin eine Chance auf angemessene Refinanzierung erhalten,
- und dass die Interessen der Patienten, der Krankenkassen, aber auch der Industrie in einem harmonischen Dreiklang zu einem wirklich fairen Ausgleich gebracht werden.

Meine Damen und Herren,

Wenn ich an diesem Tag einen Wunsch äußern darf, dann ist es der, dass wir uns bei solchen Veranstaltungen wie der heutigen einen unvoreingenommenen Blick auf die Realität und die mit dem AMNOG verbundenen Konsequenzen erlauben und dass die Bad Orber Gespräche dabei ihrem Ruf als „Think Tank" für dringend notwendige und sinnvolle Anpassungen im deutschen Gesundheitswesen gerecht werden.

Ich wünsche uns allen eine interessante und erkenntnisreiche Veranstaltung, fruchtbare Gespräche und hoffe besonders, dass das gegenseitige Verständnis dabei gestärkt wird.

Herzlichen Dank für Ihre Aufmerksamkeit.

Sabine Dittmar

Verbesserung der Patientenversorgung durch Innovation und Qualität

Die Qualitätssicherung der Versorgung von Patientinnen und Patienten, aber auch die Qualitätsorientierung des Gesundheitssystems als Ganzes sind große gesundheitspolitische Herausforderungen. Daher freue ich mich, dass diesem wichtigen Thema heute so viel Zeit eingeräumt wird und sich auch im Titel der heutigen Veranstaltung wiederfindet.

Aus eigener beruflicher Erfahrung als Ärztin weiß ich, dass nicht nur die Versorgung im stationären Bereich bereits Qualitätssicherungsmaßnahmen unterliegt, sondern auch die vertragsärztliche Versorgung durch Stichprobenprüfungen auf ihre Qualität untersucht wird. Die Grundlage hierfür hat der Gemeinsame Bundesausschuss (G-BA) mit seiner Qualitätsprüfungsrichtlinie gelegt. Nichtsdestotrotz sind wir in der Pflicht, immer wieder neu zu evaluieren und gemeinsam zu diskutieren, wie die Qualität der Versorgung in Deutschland sichergestellt werden kann und welche Maßnahmen tatsächlich zu einer qualitativ hochwertigen Versorgung führen. Für mich ist dabei wichtig, dass Patientinnen und Patienten Vertrauen in die medizinische Versorgung haben. Vertrauen ist aus meiner Sicht eng mit dem Faktor Qualität verknüpft. Daher haben wir im Koalitionsvertrag ganz bewusst unseren gesundheitspolitischen Schwerpunkt in der Sicherstellung und Verbesserung der Qualität der medizinischen Versorgung gesetzt. Qualität ist ein weitreichendes Feld, welches zweifelsohne schwer zu messen ist, da der Faktor Mensch und das individuelle Empfinden nicht zu vernachlässigen sind. Daher müssen die vorhandenen Qualitätsvorgaben konsequent weiterentwickelt werden und die bislang noch nicht erfassten Bereiche stärker in den Fokus gerückt werden.

Ein erster Schritt zur Sicherstellung der Qualität im Gesundheitswesen ist in dieser Legislaturperiode mit dem Gesetz zur Weiterentwicklung der Finanzstruktur und der Qualität in der gesetzlichen Krankenversicherung (GKV-FQWG) getan worden, welches wir im Juni im Deutschen Bundestag verabschiedet haben. Durch das FQWG wird nicht nur die Finanzierungsgrundlage der gesetzlichen Krankenkassen nachhaltig gestärkt, sondern auch die Qualität der Versorgung erheblich verbessert. Mit dem FQWG wurde der Grundstein für das sogenannte Institut für Qualitätssicherung und Transparenz im Gesundheitswesen (IQTiG) gelegt. Das neu zu gründende Institut wird fachlich unabhängig sein und soll die Qualität der ambulanten und stationären Versorgung dauerhaft evaluieren. Um die Versorgung in Zukunft noch stärker qualitätsorientiert auszurichten, werden insbesondere messbare Kriterien entwickelt, an denen sich die Qualität von Diagnostik und Therapie beurteilen lässt. Dabei werden risikoadjustierte Indikatoren entwickelt und Instrumente für eine Patientenbefragung implementiert. Auf Grundlage der Arbeit des IQTiG werden wir künftig in der Lage sein, auch die Qualitätsevaluierung für den vertragsärztlichen Sektor zu verbessern, indem Qualitätssicherungsverfahren durch den G-BA auf den Weg gebracht werden können. Zusätzlich sollen die Daten genutzt werden, um Online-Vergleichslisten über die Qualität der deutschen Krankenhäuser zu entwickeln. Auf diesem Wege fördern wir die Transparenz und die Qualität im ambulanten wie auch im stationären Bereich. Gewinner werden die Patientinnen und Patienten sein, die in die Lage versetzt werden, künftig selbst eine informierte und bewusste Entscheidung aufgrund qualitativer und verständlicher Daten treffen zu können. In einem Änderungsantrag im Rahmen des FQWG haben wir zudem die unabhängige Patientenberatung in Deutschland (UPD) gestärkt. Die UPD spielt eine wichtige Rolle, um Patientinnen und Patienten schon jetzt einen niederschwelligen Zugang zu Informationen und Beratungsleistungen zu ermöglichen. Mit der Aufstockung der Fördermittel auf 9 Mio. EURO jährlich und einer Verlängerung der Förderungsphase von fünf auf sieben Jahre leisten wir einen wichtigen Beitrag zur Verbesserung der Information und der Aufklärung der Patientenschaft.

Sehr geehrte Damen und Herren, das FQWG stellt einen wichtigen Schritt zur Qualitätssicherung dar. Es ist jedoch nur der Auftakt einer umfangreichen Qualitätsoffensive, die ein ganzes Maßnahmenbündel beinhaltet. Im jüngsten 1. Pflegestärkungsgesetz haben wir beispielsweise den Personalschlüssel in stationären Pflegeeinrichtungen verbessert, Leistungen für Menschen mit eingeschränkter Alltagskompetenz ausgebaut und das Leistungsspektrum in der ambulanten wie stationären Pflege flexibilisiert und verbessert.

Zudem wurde kürzlich der mit Spannung erwartete Referentenentwurf zur Stärkung der Versorgung in der gesetzlichen Krankenversicherung (GKV-VSG) vom Bundesministerium für Gesundheit (BMG) vorgelegt. Dazu wird kommenden Dienstag die erste Verbändeanhörung stattfinden, auf die eine umfangreiche parlamentarische Beratung folgen wird. Neben der Sicherstellung der bedarfsgerechten und flächendeckenden medizinischen Versorgung sind im Versorgungsstärkungsgesetz eine ganze Reihe von Maßnahmen vorgesehen, die zur Qualitätssicherung der ambulanten und stationären Behandlung von Patientinnen und Patienten beitragen werden.

Wer in den letzten Tagen Zeitung gelesen hat, dürfte teilweise den Eindruck bekommen haben, dass in Deutschland bald keine Arztpraxen mehr vorhanden sind. Dies ist natürlich nicht der Fall, auch wenn der Referentenentwurf vorsieht, dass die kassenärztlichen Zulassungsausschüsse den Antrag auf Zulassung ablehnen sollen, wenn die Nachbesetzung aus Versorgungsgründen nicht erforderlich ist. Hier verändern wir die Gesetzesgrundlage von einer „Kann"- in eine „Soll"-Lösung. Aus meiner Sicht muss sich aufgrund dieser Änderung niemand Sorgen machen, dass mittelfristig 25.000 Praxen schließen, wie es am Montag beispielsweise in der FAZ zu lesen war. Auch einen Widerspruch zwischen dieser Regelung und der Verringerung der Wartezeit kann ich nicht erkennen, da wir bei der Zulassungsbeschränkung ausschließlich von überversorgten Gebieten sprechen.

Als weiteres heißes Eisen erhitzt auch das Thema „Facharzttermine" immer wieder die Gemüter, weil die Wartezeiten in einigen Regionen und in einigen Fachbereichen überdurchschnittlich lang sind. Hier wollen wir durch Terminservicestellen eine spürbare Verbesserung für Patientinnen und Patienten erzielen und die Wartezeiten dadurch verkürzen. Es bleibt allerdings abzuwarten, wie sich die Terminvergabe in der Praxis umsetzen lässt. Vor allem müssen wir schauen, für welche Indikationen diese Regelung gilt und wie die Terminservicestellen in der Praxis umgesetzt werden können.

Meine sehr geehrten Damen und Herren, der aktuelle Entwurf des Versorgungsstärkungsgesetzes sieht zudem vor, dass Versicherte, bei denen ein planbarer medizinischer Eingriff vorgesehen ist, vor dem Eingriff eine unabhängige, ärztliche Zweitmeinung einholen dürfen. Diese neue Regelung dient der verbesserten Aufklärung der Versicherten über unterschiedliche Therapieoptionen und soll die teilweise bestehende Über- und auch Fehlversorgung verringern. Auch hier werden wir Details noch zu besprechen haben, denken jedoch, dass wir mit diesem Schritt ein Plus an Qualität erreichen werden.

Neben prozess- und strukturdefinierenden Vorgaben spielt bei der Diskussion um die Qualität natürlich auch die Qualifizierung der Ärztinnen und Ärzte in Deutschland eine entscheidende Rolle. Uns muss klar sein, dass es Qualität ohne qualifiziertes Personal natürlich nicht geben wird. Im Bereich der Förderung von Weiterbildungen von Ärztinnen und Ärzten werden wir die Krankenversicherungen und -kassen aus diesem Grund verpflichten, bundesweit insgesamt mindestens 7.500 Weiterbildungsstellen zu fördern. Mit diesem Schritt werden wir die allgemeinmedizinische Weiterbildung stärken und bieten so jungen Ärztinnen und Ärzten, die sich für den Beruf des Hausarztes entscheiden, eine klare Zukunftsperspektive. Gleichzeitig stellen wir die Finanzierung auf ein zukunftsfähiges Fundament, indem wir vereinbaren, dass die Zuschüsse von der Krankenkasse außerhalb des vereinbarten Budgets gewährt werden. Durch diese Maßnahmen erhoffen wir uns eine spürbare Zunahme der Attraktivität der Allgemeinmedizin. Der Sachverständigenrat hat in seinem aktuellen Gutachten noch umfangreichere Vorschläge gemacht. Im parlamentarischen Verfahren wird daher zu prüfen sein, an welcher Stelle wir unter Umständen noch nachbessern müssen, um dem in Teilbereichen bereits vorhandenen und weiter drohenden Ärztemangel wirkungsvoll zu begegnen. Neben der Qualifikation des Personals spielt aus meiner Sicht die personelle Ausstattung natürlich eine große Rolle. Hier müssen wir sehen, wie wir sicherstellen, dass ausreichend Personal für eine qualitativ hochwertige Versorgung vorhanden ist. Denn Qualitätsorientierung hängt natürlich auch mit einer adäquaten Personaldecke zusammen.

Verehrte Gäste, Qualität steht nicht nur im direkten Zusammenhang mit der Versorgung durch fachlich sehr gut ausgebildetes und geschultes Personal, sondern bedeutet beispielsweise auch, dass die für die Therapie genutzten Medizinprodukte höchsten Sicherheits- und auch Qualitätsansprüchen genügen müssen. Gerade Skandale wie die Brustimplantate sorgen dafür, dass eine ganze Branche in Verruf gerät. Dieser Imageschaden ist nur langsam durch vertrauensbildende Maßnahmen und umfassende Informationen wieder gut zu machen. Im Rahmen des Versorgungsstärkungsgesetzes werden wir dafür sorgen, dass Medizinprodukte mit den Risikoklassen IIb und III einer Nutzenbewertung unterzogen werden. Damit wollen wir sicherstellen, dass die im Rahmen neuer Behandlungsmethoden zum Einsatz kommenden Medizinprodukte einer Bewertung unterzogen werden und der Nutzen tatsächlich nachgewiesen wird.

Eine weitere Maßnahme zur Durchsetzung von qualitativ hochwertigen und vor allem auch innovativen Versorgungsstrukturen stellt die Etablierung des mit Spannung erwarteten Innovationsfonds dar. Der Innovationsfonds zielt darauf ab, sektorenübergreifende Versorgungsformen und Projekte zur Weiterentwicklung der medizinischen Versorgung zu fördern. Mit jährlich 300 Mio. EURO werden wir einen substantiellen Beitrag hin zu einer qualitativ hochwertigen Versorgung schaffen. Die Mittel des Innovationsfonds werden in den Bereich der Versorgungsforschung und maßgeblich in die Förderung neuer Versorgungsformen gehen. Angedacht sind bislang Projekte im Bereich der Telemedizin, Modelle zur Delegation und Substitution oder beispielsweise Projekte zur innovativen Arzneimittelversorgung. Nach Förderung durch den Innovationsfond erhoffen wir uns, dass die Projekte dann in die Regelversorgung übergehen. Wie Sie sicherlich aber der Presse entnommen haben, sind die Begehrlichkeiten auf allen Seiten bereits groß. Es erwartet uns also eine spannende Diskussion über die tatsächliche Ausgestaltung des Fonds.

Wie im Koalitionsvertrag vereinbart, werden wir außerdem in Kürze neue, verbesserte Rahmenbedingungen für besondere Versorgungsformen wie leistungssektorenübergreifende oder interdisziplinär fachübergreifende Versorgung auf den Weg bringen. Wir wollen den Weg frei machen zu einer leichteren Umsetzung von Selektivverträgen. Dazu ermöglichen wir es den Krankenkassen, mit den Leistungserbringern individuelle Verträge zur besonderen Versorgung von Patientinnen und Patienten abzuschließen. Die Leistungserbringer werden dabei verpflichtet, Qualitätsanforderungen und die vom G-BA oder die im Bundesmantelvertrag definierten Mindestvoraussetzungen zu erfüllen. Für Patientinnen und Patienten mit chronischen Erkrankungen haben wir mit den bestehenden Disease-Management-Programmen (DMPs) bereits eine gute Lösung, um eine umfassende Rundumversorgung auf hohem Niveau zu gewährleisten. DMPs bringen eine kontinuierliche, strukturierte und qualitätsgesicherte Versorgung. Die Programme beinhalten genaue Ablaufpläne, regeln im Detail, welcher Arzt die erste Anlaufstelle für die Betroffenen ist, welche Untersuchungen und Therapien der Arzt vornimmt und wann er den Patienten an wen weiter überweist. Diese Struktur bewirkt eine massive Qualitätsverbesserung und trägt dazu bei, Komplikationen zu vermeiden. Teilnehmende Ärztinnen und Ärzte dokumentieren zur Qualitätssicherung regelmäßig den Behandlungsverlauf, kooperieren mit anderen Ärzten und bilden sich kontinuierlich weiter. Dadurch erhält der Arzt regelmäßig die notwendigen Informationen und Kenntnisse, um die Behandlungserfolge weiter zu optimieren. Im Versorgungsstärkungsgesetz ist nun vorgesehen, dass die DMPs weiter ausgebaut werden und insbesondere die Volksleiden Depression und Rücken künftig strukturiert behandelt werden sollen.

Erlauben Sie mir einen letzten Satz zum Versorgungsstärkungsgesetz. Im Rahmen des Versorgungsstärkungsgesetzes werden wir uns auch mit dem verbesserten Übergang von Patienten aus dem Krankenhaus in ihr normales Lebensumfeld auseinandersetzen. Hier besteht weiterhin Handlungsbedarf. Der Übergang vom stationären in den ambulanten Bereich soll so reibungslos wie möglich erfolgen. Unser Ziel ist, dass das Krankenhaus weiterhin zuständig bleibt, die notwendigen Anschlussleistungen festzulegen. Daher kann das Krankenhaus Aufgaben des sogenannten „Entlassmanagements" in Zukunft auf Vertragsärzte übertragen. Ein noch zu erarbeitender Rahmen soll durch die Krankenkasse, die Krankenhausgesellschaft und die Kassenärztliche Vereinigung entwickelt werden, um hier ein einheitliches, bundesweites Vorgehen sicherzustellen.

Sehr geehrte Damen und Herren, ich habe schon viel gesagt über beschlossene und geplante Maßnahmen zur Steigerung der Versorgungsqualität. Grundsätzlich ist aber festzuhalten, dass die Leistungserbringer bereits heute vom Gesetzgeber zur Sicherung und Weiterentwicklung der Qualität der von ihnen erbrachten Leistungen verpflichtet sind. Wir haben die Qualität der medizinischen Versorgung dennoch ganz bewusst ins Zentrum des Koalitionsvertrages gestellt, um vor allem die Orientierung an Qualitätskriterien bei Gesundheitsleistungen weiter voranzutreiben. Ziel ist es, durch Justierung an verschiedenen Stellschrauben dafür zu sorgen, dass das sehr hohe Niveau der medizinischen Versorgung in Deutschland auch in Zukunft garantiert werden kann. Ein besonderer Schwerpunkt liegt dabei in der Qualität der Krankenhausversorgung. Krankenhäuser stehen beim Thema Qualität in besonderem Maße in der Diskussion. So wollen wir „Qualität" als ein weiteres Kriterium für Entscheidungen der Krankenhausplanung einführen und damit sicherstellen, dass die Qualitätsorientierung unmittelbarer Bestandteil im Krankenhausalltag wird. Der G-BA wird daher vom Gesetzgeber verpflichtet, Qualitätsindikatoren zur Struktur-, Prozess- und Ergebnisqualität zu entwickeln. Die Arbeitsgruppe von Bund und Ländern (Bund-Länder-AG) zur Reform der Krankenhausversorgung wird dazu in Kürze konkrete Vorschläge unterbreiten. Wie Sie sich sicherlich vorstellen können, ist dies ein heikles Thema. Ich weiß sehr wohl, dass es aus einigen Ländern Kritik hagelt, da man einen Eingriff in die Krankenhausplanung befürchtet. Wir sollten uns aber nicht davor scheuen, eine klare Entscheidung zugunsten der Qualität in der Versorgung zu treffen und uns dabei nicht von den Interessen einiger Länder leiten lassen. Ich persönlich finde es erschütternd, dass statistisch betrachtet jede siebte Knie- und Hüft-Operation nachgebessert werden muss. Natürlich darf man dabei den Faktor Patienten-Compliance nicht vergessen. Dennoch müssen uns solche Zahlen nachdenklich stimmen. Das bereits erwähnte Qualitätsinstitut IQTiG wird deshalb auch bei der Krankenhausversorgung in Zukunft eine ganz wichtige Rolle spielen. Neben der Entwicklung geeigneter Qualitätsindikatoren und Verfahren zur Messung von Qualität wird sich das Qualitätsinstitut auch um die Veröffentlichung vergleichender Übersichten für ausgewählte Leistungen der Krankenhausversorgung im Internet kümmern. Mit dem Institut schaffen wir also nicht nur die Grundlage für die dauerhafte und umfassende Erfassung der Qualität der Leistungserbringer. Mit Hilfe von Krankenhaus-Rankings und Berichten über die stationäre Versorgung legen wir auch die Basis für mehr Transparenz in der Krankenhausversorgung. Darüber hinaus sollen die Krankenhausberichte in Zukunft Informationen zu Krankenhausinfektionen als verpflichtenden Bestandteil enthalten. Krankenhaushygiene ist ein Thema, das wir viel zu lange stiefmütterlich behandelt haben – mit verheerenden Konsequenzen. Ich freue mich daher, dass es in diesem Bereich ein Umdenken gibt und Transparenz an dieser Stelle in Zukunft groß geschrieben werden soll.

Sehr geehrte Damen und Herren, wenn man über Qualität spricht, muss man zwangsläufig auch über Geld sprechen. Qualitätsorientierung bedeutet daher ebenfalls, dass wir ein qualitätsbezogenes Anreizsystem entwickeln, das die Leistungserbringer motiviert, die Qualität der Versorgung dauerhaft zu sichern. Die Bund-Länder-AG Krankenhausreform hat dazu bereits festgestellt, dass Qualitätsaspekte stärker als bisher bei Steuerungsentscheidungen und bei der Vergütung in Krankenhäusern berücksichtigt werden sollen. Neben der Durchsetzung von Qualitätsanforderungen als Leistungsvoraussetzung sollten wir uns die Ergebnisqualität der medizinischen Leistungen ganz genau anschauen. Im stationären Bereich könnten für Leistungen mit nachgewiesen hoher Qualität Mehrleistungsabschläge ausgenommen werden und im Gegenzug Leistungen mit unterdurchschnittlicher Qualität mit höheren Abschlägen möglich sein. Wie genau die Messung von guter bzw. mangelhafter Qualität allerdings erfolgen soll, dazu werden wir sicherlich noch den einen oder anderen heftigen Schlagabtausch verfolgen können. Leistungen mit niedriger Qualität sollten aus meiner Sicht nicht weiter erbracht werden dürfen. Sie werden mir zustimmen, dass wir in solchen Fällen eine Vorsorgepflicht haben, Patientinnen und Patienten in solchen Einrichtungen nicht weiter behandeln zu lassen.

Qualität ist und bleibt zudem ein zentrales Kriterium zur Teilnahmeberechtigung an der ambulanten spezialfachärztlichen Versorgung nach §116 b Sozialgesetzbuch (SGB) V. Hier schaffen wir darüber hinaus mit dem VSG das Fundament für die Weiterentwicklung von medizinischen Versorgungszentren, die in Zukunft nicht mehr zwingend fachübergreifend, sondern auch arztgruppengleiche Zentren ermöglichen. Zur weiteren Stärkung der Qualität in der Versorgung wird für vier vom G-BA ausgewählte, planbare Leistungen den Krankenkassen in den Jahren 2015 bis 2018 die Möglichkeit gegeben, modellhaft Qualitätsverträge mit einzelnen Krankenhäusern abzuschließen. Die Kriterien für Qualitätsverträge werden von den Krankenkassen auf Landesebene einheitlich und gemeinsam festgelegt. Die freie Krankenhauswahl bleibt dabei unberührt, auch wenn ich diesbezüglich schon heftige Kritik vernommen habe. Nicht nachvollziehen kann ich die Angst, die es in einigen Ländern zu geben scheint, wenn wir über Qualitätsstandards in Krankenhäusern reden. Qualität ist doch kein Damoklesschwert, sondern sollte in unser aller ureigenem Interesse eine wichtige Rolle spielen. Denn einmal Hand aufs Herz: Sie wollen bei einem medizinischen Eingriff doch auch die bestmögliche Behandlung und nicht in ein x-beliebiges Krankenhaus, nur weil es gerade in der unmittelbaren Nähe liegt!

Einen weiteren Schub wird das Thema meiner Ansicht nach durch die bevorstehende Annahme einer sektorenübergreifenden Rahmenrichtlinie zum Qualitätsmanagement durch den G-BA erhalten. Der Beschluss ist für Ende 2014 angekündigt und soll den Einsatz von sogenannten Checklisten verbindlich regeln.

Sowohl den stationären als auch den ambulanten Bereich betreffen der Aufbau eines Transplantations- und eines Implantateregisters. Register verbessern aufgrund ihrer Langzeitbeobachtungen die Patientensicherheit und Qualität für Patientinnen und Patienten und sind daher ein wichtiger Punkt im Koalitionsvertrag. Die Datenlieferung für beide Register wird verpflichtend sein, wobei wir bestehende Register einbeziehen werden.

Sehr geehrte Damen und Herren, grundsätzlich muss gesagt werden, dass es bereits viele Richtlinien zur Qualitätssteigerung gibt. Diese müssen aber besser umgesetzt und kontrolliert werden. Aus diesem Grund wollen wir die Folgen der Nichteinhaltung der Qualitätsanforderungen klarer regeln. Die Anforderungen der Qualitätsrichtlinien des G-BA sind zwingend einzuhalten. Der Medizinische Dienst der Krankenversicherung (MDK) soll zur Überprüfung der Vorgaben des G-BA zur internen und externen Qualitätssicherung zukünftig unangemeldet Kontrollen in den Krankenhäusern durchführen. Es gibt aber leider auch noch viel zu viele weiße Flecken, bei denen wir eben nicht wissen, welche Behandlungen eingeleitet wurden und was wirklich hinter dem jeweiligen Klingelschild der Arztpraxis oder des Krankenhauses im Detail passiert. Daran gilt es zu arbeiten, damit wir die Qualität der medizinischen Versorgung kontinuierlich steigern, verlorenes Vertrauen zurückgewinnen und insbesondere auch mit den Versichertengeldern nur die Dinge bezahlen, die medizinisch notwendig und richtig sind. Sie sehen also, es gibt noch eine Menge zu tun. Ich bedanke mich recht herzlich für Ihr Interesse und Ihre Aufmerksamkeit und freue mich auf den weiteren Gedankenaustausch mit Ihnen.

Josef Hecken

Innovation und Qualität aus Sicht des Gemeinsamen Bundesausschusses

1. Einleitung

Der Gesetzgeber hat dem Gemeinsamen Bundesausschuss (G-BA) verschiedene Aufgaben zur Qualitätssicherung in der vertragsärztlichen und vertragszahnärztlichen Versorgung sowie in zugelassenen Krankenhäusern übertragen.

Die Qualitätssicherung der ambulanten Heil- und Hilfsberufe sowie der Rehabilitation fallen nicht in den Regelungsbereich des G-BA.

Der G-BA befasst sich mit folgenden Bereichen der Qualitätssicherung:

- Bundesweit verpflichtende Maßnahmen zur Qualitätssicherung
- Förderung der Qualitätssicherung
- Fortbildungspflichten der Fachärzte und -ärztinnen, der Psychologischen Psychotherapeuten und -therapeutinnen und der Kinder- und Jugendlichenpsychotherapeuten und -therapeutinnen
- Mindestmengen
- Qualitätsbeurteilung und -prüfung in der vertragsärztlichen Versorgung
- Qualitätsbericht der Krankenhäuser
- Qualitätsmanagement
- Qualitätssicherung des ambulanten Operierens
- Qualitätssicherung der ambulanten spezialfachärztlichen Versorgung im Krankenhaus
- Qualitätssicherungsindikatoren für Disease-Management-Programme
- Struktur-, Prozess- und Ergebnisqualität

Die zuvor eher sektorenbezogenen Richtlinien und Vereinbarungen zur Qualitätssicherung werden seit dem 1. Juli 2008 (GKV-WSG) im Grundsatz sektorenübergreifend gefasst.

Mit dem Gesetz zur Weiterentwicklung der Finanzstruktur und der Qualität in der gesetzlichen Krankenversicherung (GKV-FQWG) hat der Gesetzgeber in § 137a SGB V den G-BA beauftragt, ein fachlich unabhängiges, wissenschaftliches Institut für Qualitätssicherung und Transparenz im Gesundheitswesen (IQTIG) zu gründen. Das Institut wird im Auftrag des G-BA Maßnahmen zur Qualitätssicherung und zur Darstellung der Versorgungsqualität im Gesundheitswesen erarbeiten.

Darüber hinaus ist der G-BA vom Gesetzgeber beauftragt zu entscheiden, welchen Anspruch gesetzlich Krankenversicherte auf medizinische oder medizinisch-technische Untersuchungs- und Behandlungsmethoden sowie auf medizinische Dienstleistungen haben. Im Rahmen eines strukturierten Bewertungsverfahrens überprüft der G-BA deshalb, ob Methoden oder Leistungen für eine ausreichende, zweckmäßige und wirtschaftliche Versorgung der Versicherten unter Berücksichtigung des allgemein anerkannten Stands der medizinischen Erkenntnisse erforderlich sind. Dem medizinischen Fortschritt sowie den besonderen Belangen behinderter und chronisch kranker Menschen soll der G-BA dabei Rechnung tragen.

Mit dem zum 1. Januar 2012 in Kraft getretenen GKV-Versorgungsstrukturgesetz erhielt der G-BA ein neues Instrument für die Bewertung von Methoden, deren Nutzen für eine allgemeine Anerkennungsentscheidung noch nicht mit hinreichender Evidenz belegt ist. So kann der G-BA zukünftig Richtlinien zur Erprobung von Untersuchungs- und Behandlungsmethoden mit Potenzial beschließen, um die notwendigen Erkenntnisse zu gewinnen. In den Richtlinien sind die in die Erprobung einbezogenen Indikationen und die sächlichen, personellen und sonstigen Anforderungen an die Qualität der Leistungserbringung zu regeln, die während der zeitlich befristeten Erprobung im ambulanten und/oder stationären Bereich zu beachten sind. Das Bewertungsverfahren ist für die Zeit der Erprobung ausgesetzt.

2. Das Institut für Qualitätssicherung und Transparenz im Gesundheitswesen

2.1. Die Organe der Stiftung

Am 9. Januar 2015 wurde dieses Institut vom erstmals zusammengetretenen Stiftungsrat der gleichnamigen Stiftung in Berlin errichtet. Der ebenfalls neu konstituierte Vorstand der Stiftung benannte den Mediziner Dr. Christof Veit einstimmig zum Leiter des Instituts.

Der Aufbau des Instituts ist ähnlich dem bereits seit einigen Jahren etablierten Institut für Qualität und Wirtschaftlichkeit im Gesundheitswesen (IQWiG) gestaltet, das den Gemeinsamen Bundesausschuss seit 2004 unterstützt. Als unabhängiges wissenschaftliches Institut untersucht das IQWiG den Nutzen und den Schaden von medizinischen Maßnahmen für Patientinnen und Patienten. Über die Vorteile und Nachteile von Untersuchungs- und Behandlungsmethoden

Innovation und Qualität aus Sicht des Gemeinsamen Bundesausschusses

informiert das IQWiG in Form von wissenschaftlichen Berichten und allgemein verständlichen Gesundheitsinformationen.

Dem folgend ist das IQTIG eingegliedert in eine Stiftung für Qualitätssicherung und Transparenz im Gesundheitswesen, die wiederum einen Stiftungsrat und einen Stiftungsvorstand besitzt.

Der Stiftungsrat

- beschließt die Errichtung des Instituts als Einrichtung der Stiftung,
- bestellt sechs Mitglieder des Vorstands,
- schlägt dem Vorstand die Institutsleitung und deren Stellvertretung vor,
- ist zuständig für die Genehmigung des Haushaltsplanes der Stiftung und des Instituts einschließlich der Genehmigung über- und außerplanmäßiger Ausgaben, die Kontrolle der Haushalts- und Wirtschaftsführung sowie die Feststellung des Jahresabschlusses,
- wählt aus der Mitte seiner Mitglieder für die Dauer von vier Jahren einen Vorsitzenden und einen stellvertretenden Vorsitzenden, die diese Funktionen jährlich alternierend wahrnehmen,
- bestimmt auch den Wirtschaftsprüfer, welcher die Ordnungsgemäßheit der Geschäftsführung zu überprüfen hat.

Der Stiftungsrat setzt sich zusammen aus 10 Mitgliedern, jeweils fünf der Kassen und fünf der Leistungserbringer, die ihre Beschlüsse mit Mehrheit fassen.

Darüber hinaus wurde ein Stiftungsvorstand etabliert. Er besteht aus jeweils 3 Mitgliedern der Kassenseite und 3 Mitgliedern der Leistungserbringer. Daneben sind als geborene Mitglieder – mit jeweils einer Stimme – das Bundesministerium für Gesundheit sowie der unparteiische Vorsitzende des G-BA vertreten.

Der Vorstand

- erledigt die laufenden Geschäfte der Stiftung,
- führt die Aufsicht über die Institutsleitung, soweit es die ordnungsgemäße Geschäftsführung betrifft,
- beschließt nach Abstimmung mit der Institutsleitung die erforderlichen Grundsätze insbesondere für
  - die Organisationsstruktur des Instituts,
  - einen regelmäßigen Nachweis der Mittelverwendung,
  - die Genehmigungspflicht bestimmter, einen definierten Rahmen übersteigender Rechtsgeschäfte,
  - die Vergabe externer Aufträge und deren Vergütung sowie
  - die Anstellungsbedingungen der Institutsmitarbeiter,

- hat zu Beginn eines jeden Geschäftsjahres einen Haushaltsplan aufzustellen und für den Schluss eines jeden Geschäftsjahres einen Jahresabschluss zu erstellen, die jeweils durch die Institutsleitung vorzubereiten sind.
- stimmt über- und außerplanmäßige Ausgaben ab.

Daneben werden als beratende Gremien des Instituts noch ein Kuratorium und ein wissenschaftlicher Beirat gebildet.

Das Kuratorium besteht aus 30 Mitgliedern. Je zehn Mitglieder sollen kommen aus dem Kreis

1. der Selbstverwaltungsorgane der Trägerorganisationen des Gemeinsamen Bundesausschusses;
2. von maßgeblichen Organisationen nicht im Gemeinsamen Bundesausschuss vertretener Organisationen von Leistungserbringern und der Sozialpartner;
3. sonstiger für das Gesundheitswesen relevanter Organisationen, davon sechs Vertreter der für die Wahrnehmung der Interessen der Patientinnen und Patienten und der Selbsthilfe chronisch kranker und behinderter Menschen maßgeblichen Organisationen sowie die oder der Beauftragte der Bundesregierung für die Belange der Patientinnen und Patienten.

Die Mitglieder des Kuratoriums erhalten Arbeitsergebnisse von grundsätzlicher Bedeutung und erhalten Gelegenheit zur schriftlichen Stellungnahme.

Der wissenschaftliche Beirat berät das Institut in von der Institutsleitung unterbreiteten grundsätzlichen Fragen. Seine Mitglieder werden auf Vorschlag der Institutsleitung einvernehmlich vom Vorstand bestellt, und er besteht aus mindestens sechs und bis zu zwölf unabhängigen Sachverständigen.

Die Berufung der Mitglieder erfolgt für die Dauer von vier Jahren. In der Regel ist nur eine einmalige Wiederberufung zulässig.

Weiterhin werden Stiftungsrat, Vorstand und Institutsleitung von einem Finanzausschuss in finanzwirksamen Angelegenheiten beraten. Der Finanzausschuss besteht aus je einem Vertreter der DKG, der KBV und der KZBV sowie drei Vertretern des GKV-SV. Die Vertreter werden auf Vorschlag des Stiftungsrates vom Vorstand bestellt.

2.2 Aufgaben des Instituts

Das IQTIG arbeitet im Auftrag des G-BA an Maßnahmen zur Qualitätssicherung und zur Darstellung der Versorgungsqualität im Gesundheitswesen.

Innovation und Qualität aus Sicht des Gemeinsamen Bundesausschusses

Es soll insbesondere beauftragt werden,
1. für die Messung und Darstellung der Versorgungsqualität möglichst sektorenübergreifend abgestimmte risikoadjustierte Indikatoren und Instrumente einschließlich Module für ergänzende Patientenbefragungen zu entwickeln,
2. die notwendige Dokumentation für die einrichtungsübergreifende Qualitätssicherung unter Berücksichtigung des Gebotes der Datensparsamkeit zu entwickeln,
3. sich an der Durchführung der einrichtungsübergreifenden Qualitätssicherung zu beteiligen,
4. die Ergebnisse der Qualitätssicherungsmaßnahmen in geeigneter Weise und in einer für die Allgemeinheit verständlichen Form zu veröffentlichen,
5. auf der Grundlage geeigneter Daten, die in den Qualitätsberichten der Krankenhäuser veröffentlicht werden, einrichtungsbezogen vergleichende risikoadjustierte Übersichten über die Qualität in maßgeblichen Bereichen der stationären Versorgung zu erstellen und in einer für die Allgemeinheit verständlichen Form im Internet zu veröffentlichen;
6. für die Weiterentwicklung der Qualitätssicherung zu ausgewählten Leistungen die Qualität der ambulanten und stationären Versorgung zusätzlich auf der Grundlage geeigneter Sozialdaten darzustellen,
7. Kriterien zur Bewertung von Zertifikaten und Qualitätssiegeln, die in der ambulanten und stationären Versorgung verbreitet sind, zu entwickeln und anhand dieser Kriterien über die Aussagekraft dieser Zertifikate und Qualitätssiegel in einer für die Allgemeinheit verständlichen Form zu informieren.

2.3. Beauftragung des Instituts

Das IQTIG kann nur von benannten Stellen Aufträge erhalten. Diese sind:

- die den Gemeinsamen Bundesausschuss bildenden Institutionen,
- die unparteiischen Mitglieder des Gemeinsamen Bundesausschusses,
- das Bundesministerium für Gesundheit und
- die für die Wahrnehmung der Interessen der Patientinnen und Patienten und der Selbsthilfe chronisch kranker und behinderter Menschen maßgeblichen Organisationen auf Bundesebene.

Das Bundesministerium für Gesundheit kann das Institut auch unmittelbar mit Untersuchungen und Handlungsempfehlungen zu den Aufgaben den Gemeinsamen Bundesausschuss beauftragen. Das Institut kann allerdings einen Auftrag des Bundesministeriums für Gesundheit ablehnen, es sei denn, das Bundesministerium für Gesundheit übernimmt die Finanzierung der Bearbeitung des Auftrags.

Das Institut kann sich auch ohne Auftrag mit Aufgaben in seinen Aufgabengebieten befassen; der Vorstand der Stiftung ist hierüber von der Institutsleitung unverzüglich zu informieren. Für die Tätigkeit können jährlich bis zu 10 % der Haushaltsmittel eingesetzt werden, die dem Institut zur Verfügung stehen. Die Ergebnisse der Arbeiten sind dem Gemeinsamen Bundesausschuss und dem Bundesministerium für Gesundheit vor der Veröffentlichung vorzulegen.

Weiterhin kann der Gemeinsame Bundesausschuss das Institut beauftragen, die bei den verpflichtenden Maßnahmen der Qualitätssicherung nach § 137 Abs. 1 Satz 1 Nummer 1 SGB V erhobenen Daten auf Antrag eines Dritten für Zwecke der wissenschaftlichen Forschung und der Weiterentwicklung der Qualitätssicherung auszuwerten.

2.4 Schlaglichter zukünftiger Handlungsfelder im Bereich der Qualitätssicherung und des IQTIG

Eine große Herausforderung, die auf Grundlage der Arbeit mit Qualitätsindikatoren besteht, ist die Gestaltung von Instrumenten zur Unterstützung von Pay-for-Performance-Ansätzen. Ein überaus spannendes Feld, denn aus der Literatur in diesem Bereich kann entnommen werden, dass bislang noch kein zweifelsfreier Nachweis gelungen ist zur Wirksamkeit solcher Mechanismen, bei gleichzeitiger Existenz von Belegen für die Wirksamkeit von kombinierten Ansätzen, die finanzielle und nicht-finanzielle Anreize kombinieren, wobei der Anteil der finanziellen Komponente am Erfolg nicht bestimmt werden konnte.

Diese oftmals als Herkulesaufgabe bezeichnete Arbeit steht vor einer Vielzahl von Stolperfallen, die sich insbesondere im medizinischen Bereich manifestieren. Gerade hier beeinflussen die Komplexität der Versorgung und systemische Optimierungs- und Umgehungsreaktionen die Ergebnisse, so dass ein Instrument sehr differenziert auf die Anwendungskonstellationen ausgerichtet werden muss. Die Ziele und die Interventionsinstrumente müssen klar definiert und beschrieben werden, um Wirkungseinschränkungen oder Fehlanreize möglichst zu vermeiden. Daneben verfügen zentrale Elemente der Qualitätsmessung in vielen Bereichen nicht über hinreichend operationalisierte Indikatoren. Es gilt hier also geeignete Qualitätsindikatoren zu generieren, die

a) zu den Steuerungszielen passen,
b) in einem ausgewogenen Verhältnis von Machbarkeit und Angemessenheit zu den verfolgten Ziel stehen,
c) operationalisierbar sein,

d) im Idealfall hohen prädiktiven Wert besitzen, um auf Langzeitwirkungen verlässliche Rückschlüsse zuzulassen,
e) den unterschiedlichen Verhaltensweisen von Prozess- und Ergebnisindikatoren Rechnung tragen

müssen.

3. Erprobung von Untersuchungs- und Behandlungsmethoden nach § 137e SGB V

Für Untersuchungs- und Behandlungsmethoden, deren Nutzen noch nicht hinreichend belegt ist, die jedoch das Potenzial einer erforderlichen Behandlungsalternative erkennen lassen, kann der G-BA Richtlinien zur Erprobung beschließen. Diese Möglichkeit hat der Gesetzgeber mit dem GKV-Versorgungsstrukturgesetz (GKV-VStG) im Jahr 2012 neu geschaffen.

Bis zu diesem Zeitpunkt hatte der G-BA bei unzureichendem Nutzenbeleg keine wirksame Möglichkeit, auf eine Verbesserung der Evidenzlage hinzuwirken. Zwar war es seinerzeit schon möglich, ein Verfahren zur Methodenbewertung befristet auszusetzen, wenn zu erwarten war, dass aussagekräftige Studien in naher Zukunft vorgelegt werden können. Es bestand jedoch keine Möglichkeit, eine mangelhafte Studienlage durch direkten Einfluss zu verbessern. Durch die Erprobungsregelung nach § 137e SGB V kann der G-BA nun unter Aussetzung seines Bewertungsverfahrens (gemäß §§ 135 und 137c SGB V) bei vorhandenem Potenzial einer Untersuchungs- oder Behandlungsmethode eine klinische Studie im Rahmen einer sogenannten Erprobung auch selbst initiieren und sich den gesetzlichen Vorgaben entsprechend finanziell beteiligen.

Der G-BA legt in einer Erprobungsrichtlinie Eckpunkte für eine Studie fest, mit der eine Bewertung des Nutzens der fraglichen Methode auf einem ausreichend sicheren Erkenntnisniveau ermöglicht wird. In der Richtlinie werden zur Durchführung der Erprobung unter anderem die Indikationen, die Interventionen und Vergleichsinterventionen, die patientenrelevanten Endpunkte, der Studientyp sowie die sächlichen, personellen und sonstigen Anforderungen an die Qualität der Leistungserbringung konkretisiert. Für die Erstellung des Studienprotokolls, die wissenschaftliche Begleitung und Auswertung der Erprobungsstudie wird eine fachlich unabhängige wissenschaftliche Institution beauftragt.

In seiner Verfahrensordnung hat der G-BA im 2. Kapitel §§ 14 bis 28 das Verfahren zur Schaffung und Umsetzung von Erprobungsrichtlinien nach § 137e SGB V im Detail geregelt.

Die Kriterien für die Feststellung des Potenzials einer Methode finden sich im 2. Kapitel § 14 Abs. 3 und 4 der Verfahrensordnung des G-BA (VerfO). Danach kann sich das Potenzial einer erforderlichen Behandlungsalternative dann ergeben, wenn sie aufgrund ihres Wirkprinzips und der bisher vorliegenden Erkenntnisse mit der Erwartung verbunden ist, dass andere aufwändigere, für den Patienten invasivere oder bei bestimmten Patienten nicht erfolgreich einsetzbare Methoden ersetzt werden können, die Methode weniger Nebenwirkungen hat, sie eine Optimierung der Behandlung bedeutet oder die Methode in sonstiger Weise eine effektivere Behandlung ermöglichen kann.

Ergänzend hierzu ergibt sich das Potenzial einer Erprobung insbesondere dann, wenn zumindest so aussagefähige wissenschaftliche Unterlagen vorliegen, dass auf dieser Grundlage eine Studie geplant werden kann, die eine Bewertung des Nutzens der Methode auf einem ausreichend sicheren Erkenntnisniveau erlaubt.

Das Institut für Qualität und Wirtschaftlichkeit im Gesundheitswesen (IQWiG) bewertet das Erprobungspotenzial von Untersuchungs- und Behandlungsmethoden für beim G-BA eingereichte Anträge nach § 137e Abs. 7 SGB V.

Als Ergebnis der Bewertung gibt das IQWiG eine Empfehlung ab, ob die fragliche Methode hinreichendes Potenzial als Behandlungsalternative hat und ob die vorliegenden wissenschaftlichen Unterlagen so aussagekräftig sind, dass eine Studie zur Bewertung des Nutzens geplant werden kann.

Eine Erprobungsrichtlinie kann nicht nur auf der Grundlage eines laufenden Methodenbewertungsverfahrens nach §§ 135 oder 137c SGB V, sondern auch über einen Antrag nach § 137e Abs. 7 SGB V vom G-BA beschlossen werden.

Antragsberechtigt sind

- Hersteller eines Medizinprodukts, auf dessen Einsatz die technische Anwendung einer neuen Untersuchungs- oder Behandlungsmethode maßgeblich beruht, und
- Unternehmen, die in sonstiger Weise als Anbieter einer neuen Methode ein wirtschaftliches Interesse an einer Erbringung zulasten der gesetzlichen Krankenkassen haben.

Entsprechend den Vorgaben der VerfO müssen die Antragsteller unter anderem aussagekräftige Unterlagen zum Potenzial der betreffenden Methode vorlegen.

Innerhalb von drei Monaten nach Antragstellung muss der G-BA entscheiden, ob der Antrag angenommen und damit das Potenzial einer Erprobung festgestellt wird. Eine positive Bescheidung begründet jedoch noch keinen Anspruch auf eine tatsächliche Erprobung der Methode. Da eine Erprobung eine finanzielle Beteiligung des G-BA erfordern kann, legt dieser einmal jährlich im Rahmen seiner Haushaltsplanung für das Folgejahr fest, zu welchen Anträgen er ein Beratungsverfahren zu einer entsprechenden Erprobungsrichtlinie einleiten wird. Diese Festlegung erfolgt nach pflichtgemäßem Ermessen und unter Berücksichtigung der vorliegenden Potenzialfeststellungen. Bei der Entscheidung sind der Vergleich der Potenziale der untersuchten Methoden und die Wahrscheinlichkeit einer erfolgreichen Erprobung maßgeblich. Positiv beschiedene Anträge, für die noch kein Beratungsverfahren für eine Erprobungsrichtlinie eingeleitet wurde, werden im Folgejahr ein weiteres Mal zur Entscheidung gestellt.

Bis zur Einleitung eines Stellungnahmeverfahrens zu einer Erprobungsrichtlinie werden – da von einem Geheimhaltungsinteresse des Antragstellers auszugehen ist – weder vom G-BA noch vom IQWiG Gegenstände und Ergebnisse des Bescheidverfahrens zum vorgelegten Antrag veröffentlicht. Ab dem Zeitpunkt der Einleitung des Stellungnahmeverfahrens zu einer Erprobungsrichtlinie dürfen vom G-BA diejenigen Angaben veröffentlicht werden, die zur Wahrnehmung des Stellungnahmerechts erforderlich sind. Hierzu zählen der Antrag einschließlich der nicht hoch vertraulichen Begründungsunterlagen sowie die Begründung für die Potenzialentscheidung einschließlich des IQWiG-Berichts. Negativ beschiedene Anträge einschließlich des hierzu erstellten IQWiG-Berichts werden generell nicht veröffentlicht.

Bei der Erprobung von Untersuchungs- und Behandlungsmethoden, deren technische Anwendung maßgeblich auf dem Einsatz eines Medizinprodukts beruht, sieht das Gesetz für Hersteller des Medizinprodukts und für die o. g. Unternehmen als Anbieter der Methode eine Kostenbeteiligung an der Erprobungsstudie vor.

Nach § 137e Absatz 6 SGB V und 2. Kapitel § 27 Absatz 1 VerfO darf der Gemeinsame Bundesausschuss bei Methoden, deren technische Anwendung maßgeblich auf dem Einsatz eines Medizinprodukts beruht, einen Beschluss zur Erprobung nach 2. Kapitel § 22 VerfO nur dann fassen, wenn sich die Hersteller dieses Medizinprodukts oder Unternehmen, die in sonstiger Weise als Anbieter der Methode ein wirtschaftliches Interesse an einer Erbringung zu Lasten der Krankenkassen haben, zuvor gegenüber dem Gemeinsamen Bundesausschuss bereit erklären, die nach § 137e Absatz 5 SGB V entstehenden Kosten der wissenschaftlichen Begleitung und Auswertung in angemessenem Umfang zu übernehmen.

Um gerade kleine Unternehmen über die finanziellen Belastungen einer solchen Erprobung nicht mit einem faktischen Ausschluss zu belasten, kann eine Minderung der Kostentragung vorgenommen werden. Dabei soll der Kostenanteil unabhängig vom Grund der Minderung höchstens um 50 % gemindert werden.

Soll die zur Erprobung stehende Methode zur Behandlung seltener Erkrankungen angewandt werden, kann die Minderung bis zu 70 % betragen. Die Minderung greift dabei vor allem für kleine und mittlere Unternehmen (KMU). Dabei gilt ein Unternehmen als KMU, wenn die Zahl seiner Mitarbeiter kleiner als 250 ist und es entweder einen Jahresumsatz von höchstens 50 Mio. Euro erzielt oder seine Jahresbilanzsumme 43 Mio. Euro nicht überschreitet.

Solche KMU haben Anspruch auf eine Minderung ihres Kostenanteils um 25 %. Hat ein KMU weiterhin weniger als 50 Mitarbeiter und übersteigen weder Jahresumsatz noch Jahresbilanzsumme 10 Mio. Euro (kleines Unternehmen), so beträgt der Minderungssatz 35 %. Bei weniger als 10 Mitarbeitern und einem Jahresumsatz bzw. einer Jahresbilanz unter 2 Mio. Euro (Kleinstunternehmen) wird der Kostenanteil um 50 % reduziert.

Besondere Beteiligungssätze gelten darüber hinaus dann, wenn sich das Anwendungsgebiet der Methode auf seltene Erkrankungen im Sinne von Absatz 2 beschränkt. Auf Antrag kann in diesen Fällen der Minderungssatz um weitere 20 Prozentpunkte erhöht werden.

Mit dem Instrument der Erprobung nach § 137e SGB V erhielt der G-BA ein neues Werkzeug für die Bewertung von Methoden, deren Nutzen (noch) nicht mit hinreichender Evidenz belegt ist.

Die bisherigen Regelungen konnten dazu führen, dass innovative Untersuchungs- und Behandlungsmethoden in Deutschland nicht mehr in der GKV-Versorgung zur Verfügung standen, denn der G-BA hatte im Falle einer Überprüfung einer Methode, bei noch unzureichendem Nutzenbeleg, nach bisheriger Rechtslage zwar die Möglichkeit des Ausschlusses, aber keine wirksame Möglichkeit, auf eine Beseitigung der unzureichenden Evidenzlage hinzuwirken. Hier wurde ein Weg eröffnet, künftig innovative Untersuchungs- und Behandlungsmethoden mit Potenzial zeitlich begrenzt unter strukturierten Bedingungen bei gleichzeitigem Erkenntnisgewinn unter Aussetzung des Bewertungsverfahrens zu erproben.

Irmtraut Gürkan

Innovationen in Universitätskliniken – Bedeutung für die Versorgung und Finanzierungsmöglichkeiten

1. Aufgaben und Herausforderungen der Universitätsmedizin

Die Universitätsklinika sind mit ihrer Innovationskraft Treiber des medizinischen Fortschritts und der Weiterentwicklung der Hochleistungsmedizin. Dabei stehen sie in einem extremen Spannungsfeld zwischen wissenschaftlichen Möglichkeiten und finanziellen Restriktionen im Gesundheitswesen.

1.1 Rückgrat des Gesundheitssystems

Deutschlandweit gibt es über 2.000 Krankenhäuser. Darunter sind 33 Uniklinika, an denen die gesamte Bandbreite der medizinischen Disziplinen angeboten wird. Sie nehmen pro Jahr 1,7 Mio. Patienten stationär auf – und damit etwa jeden Zehnten der in Deutschland behandelnden Krankenhauspatienten[1].

1.2 Erste Adresse für Schwerstkranke

Universitätsklinika sind oft Hoffnungsträger für die Menschen mit schwersten, komplexen oder seltenen Erkrankungen. Entsprechend hoch ist der durchschnittliche ökonomische Aufwand pro Patient, der mittels des sogenannten Case-Mix-Index (CMI) abgebildet wird. Über alle Uniklinika lag er 2012 bei 1,53 gegenüber 1,17 CMI aller Krankenhäuser[2].

1.3 Unzureichende Finanzierung der Leistungen der Universitätsklinika

Damit die Universitätsklinika auch künftig ihre Aufgaben wahrnehmen können, müssen sie angemessen finanziert werden. Heute werden die im Aufgabenver-

---

[1] Politikbrief – Argumente und Lösungen der deutschen Uniklinika, Verband der Universitätsklinika Deutschlands e. V., 1: 2015, S. 6
[2] Politikbrief – Argumente und Lösungen der deutschen Uniklinika, Verband der Universitätsklinika Deutschlands e. V., 1:2015, S. 6

bund von Krankenversorgung, Forschung und Lehre erbrachten Leistungen der Uniklinika leider nur unzureichend vergütet. Dies gilt insbesondere für:

- Die effiziente Behandlung der Patienten in interdisziplinären Zentren
- Innovationen (Bench to bed)
- Behandlung seltener Erkrankungen
- Extremkostenfälle
- Notfallversorgung
- Behandlung in Hochschulambulanzen und Spezialsprechstunden
- Überproportionaler Anteil an der Facharztausbildung, insbesondere in Fächern Pathologie, Strahlentherapie, Mikrobiologie / Hygiene

Diese Themen sind im Rahmen des aktuellen Gesetzesvorhaben (GKV- Versorgungsstärkungsgesetz) platziert, eine Vergütung wurde von den politisch Verantwortlichen grundsätzlich zugesagt.

2. Strategische Ziele des Universitätsklinikums Heidelberg

Das Universitätsklinikum Heidelberg ist das größte Universitätsklinikum in Baden-Württemberg und eines der drei größten und erfolgreichsten Uniklinika in Deutschland. Hier werden jährlich in ca. 2.000 Betten über 64.000 Patienten stationär, über 50.000 Patienten teilstationär und ca. 250.000 ambulante Patienten behandelt. 2013 wurden 111.006 Case-Mix-Punkte erreicht, der Case-Mix-Index lag bei 1,795.

Entsprechend seinem Leistungsspektrum hat das Universitätsklinikum Heidelberg ein regionales, ein nationales und ein internationales Einzugsgebiet. Insbesondere in Bereichen mit Alleinstellungsmerkmalen wie der Schwerionen- und Protonentherapie zur Behandlung sonst nicht therapierbarer Tumore besteht überregionale bzw. internationale Nachfrage.

Der umfassende Auftrag der Uniklinika lautet, Krankenversorgung, Forschung und Lehre gleichermaßen zu dienen und im Bereich der Krankenversorgung Hochleistungsmedizin zu erbringen. Dies gilt insbesondere für schwerstkranke Patienten mit komplexen Krankheitsbildern.

Das Universitätsklinikum Heidelberg steht zu dieser grundsätzlichen Aufgabenstellung und verbindet sie zugleich mit dem Anspruch, seine nationale und internationale Spitzenposition weiter auszubauen durch

- Sicherung der Marktdominanz durch Wachstum und Vernetzung in der Region
- Erhaltung und Steigerung des Leistungsvolumens in der Hochleistungsmedizin

- Konsequente Umsetzung des Medizinischen Fortschritts (translationale Forschung)
- Innovationsführerschaft in Schwerpunktbereichen
- Rendite (> 2 %), zur Realisierung von Innovationen und Investitionen

Dieser Zielsetzung entsprechend hat das Universitätsklinikum Heidelberg seine Schwerpunkte in den letzten 10 Jahren konsequent ausgerichtet und umgesetzt.

3. Innovationen und Weiterentwicklung der Hochleistungsmedizin, Beispiele des Universitätsklinikums Heidelberg

3.1 Vereinbarungen innovativer Leistungen und Behandlungsstrukturen auf der örtlichen Ebene

Das Universitätsklinikum Heidelberg nutzt ein „geordnetes Nebeneinander" verschiedener Versorgungs- und Abrechnungsformen wie DRG's, teilstationäre Tagespauschalen, Hochschulambulanzvergütung (§117 SGB V), Sonderpauschalen im Rahmen der Hochschulambulanz, Zulassungen nach § 116 SGB V, PIA (§118 SGB V), Sozialpädiatrisches Zentrum (§119 SGB V) und MVZ-Beteiligung mit Partnern, jedoch nicht in Konkurrenz zu niedergelassenen Ärzten. (siehe Abb. 1a)

Damit gelingt es dem Universitätsklinikum Heidelberg, die Behinderungen und Nachteile durch die Regelwerke zur sektorisierten Krankenversorgung (nach wie vor obliegt der Kassenärztlichen Vereinigung der Sicherstellungsauftrag für die ambulante Versorgung in Deutschland) zu mildern und Akzente und Innovationen im Sinne des medizinischen Fortschritts zu setzen. Dieses erfolgreiche Agieren ist nur möglich, weil auf der örtlichen Ebene die Kostenträger, z. B. im Rahmen der Hochschulambulanzverhandlungen, ein hohes Interesse an der Umsetzung von neuen, nachgewiesenermaßen erfolgreichen Diagnostik- und Behandlungsverfahren haben und zu entsprechenden Finanzierungsvereinbarungen bereit sind.

Vereinbarungen im Rahmen der ambulanten spezialärztlichen Versorgung (ASV) nach §116b SGB V wurden bislang, da mit extremem bürokratischen Aufwand verbunden, nicht verfolgt.

Die Ertragsanalyse zeigt auf, dass

- die ambulanten Leistungen mit 127 Mio.€ (2013) zwar inzwischen eine sehr relevante Einnahmegröße darstellen
- die Erträge des stationären Bereichs immer noch die entscheidende Ertragsposition sind (siehe Abb. 1b) und dabei
- die Vergütungen für neue Untersuchungs- und Behandlungsverfahren (NUB-Entgelte) eine fast zu vernachlässigende Größe darstellen – trotz des enormen

Aufwandes, der mit der Antragstellung und der Verhandlung der NUB-Entgelte verbunden ist (120 Anträge – 1,8 Mio. erwartete Erlöse in 2014)

Abbildung 1a

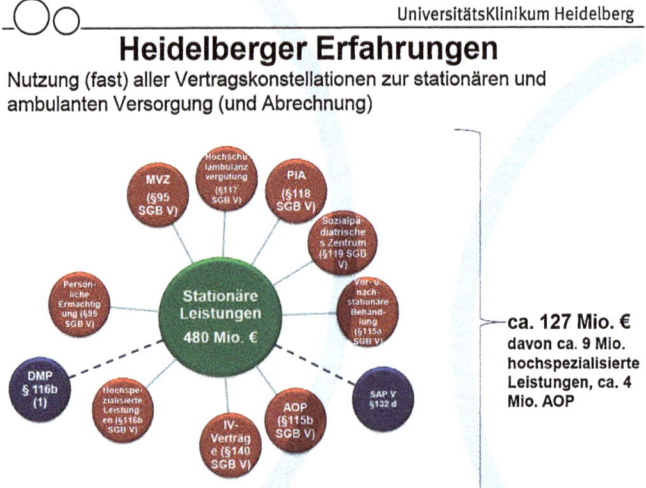

Abbildung 1b

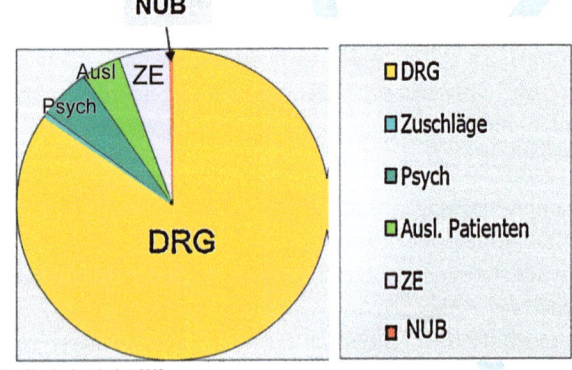

3.2 Beispiele für Innovationen und Weiterentwicklung der Hochleistungsmedizin am Universitätsklinikum Heidelberg

3.2.1 Nationales Centrum für Tumorerkrankungen

Das Nationale Centrum für Tumorerkrankungen (NCT) Heidelberg ist eine gemeinsame Einrichtung des Universitätsklinikums Heidelberg mit dem Deutschen Krebsforschungszentrum und der Deutschen Krebshilfe. (siehe Abb. 2a, 2b)

Ziel des NCT ist die Verknüpfung von vielversprechenden Ansätzen aus der Krebsforschung mit der bestmöglichen, individuellen Versorgung der Patienten – von der Diagnose über die Behandlung bis zur Nachsorge – sowie der Prävention. Für die Patienten ist die interdisziplinäre Tumorambulanz der erste Anlaufpunkt im NCT. Danach erstellen fachübergreifende Expertenrunden, die sogenannten Tumorboards, zeitnah einen individuellen Therapieplan. Neben der ärztlichen und pflegerischen Behandlung in der Ambulanz, in der Tagesklinik und in den klinischen Abteilungen des Universitätsklinikums, profitieren die Patienten ebenfalls von einem umfassenden Beratungsangebot, auch für Zweitmeinungen. So finden sie vor Ort kompetente Ansprechpartner für alle krankheitsbezogenen Fragen.

Die Teilnahme an klinischen Studien eröffnet den Patienten den Zugang zu innovativen Therapien. Das NCT ist somit eine richtungsweisende Plattform für die Übertragung neuer Forschungsergebnisse aus dem Labor in die Klinik. (siehe Abb. 2c, 2d)

Abbildung 2a

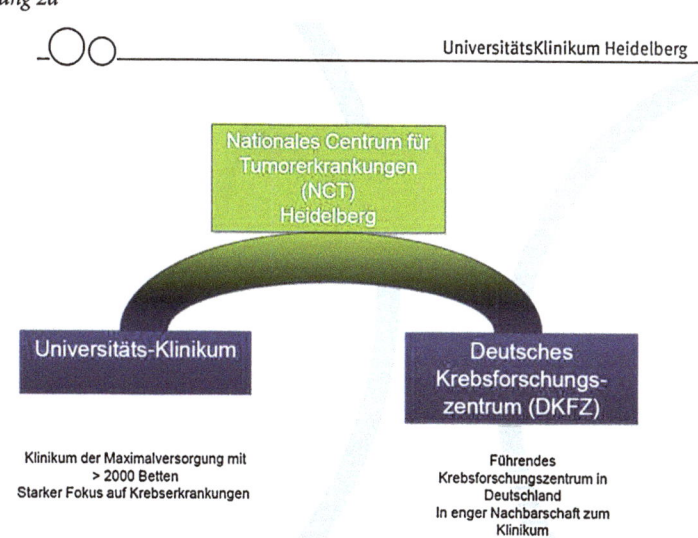

Abbildung 2b

Abbildung 2c

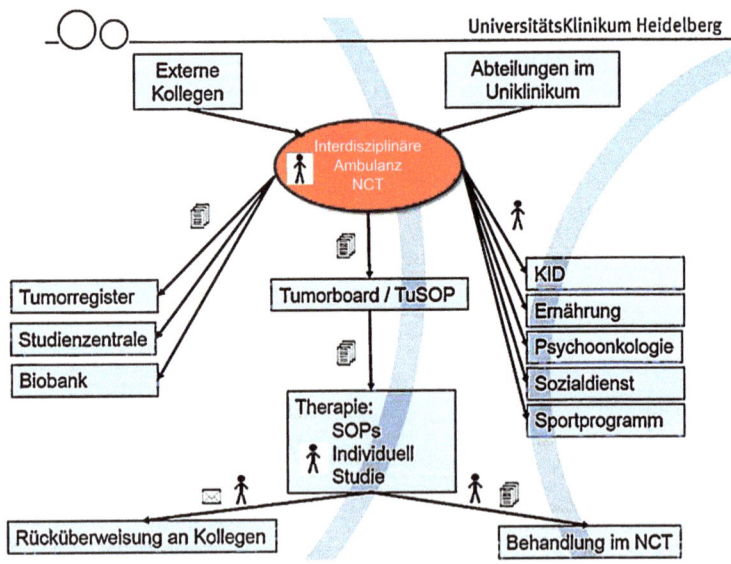

Abbildung 2d

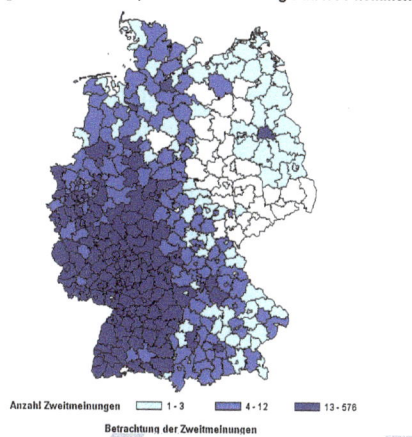

3.2.2 Ambulante Stammzelltransplantation

Der unter 3.1 beschriebene Grundkonsens mit den örtlichen Kostenträgern zur Erbringung und Finanzierung innovativer Leistungen und zur Schaffung neuer Behandlungsstrukturen ermöglicht es dem Universitätsklinikum Heidelberg, autologe Stammzelltransplantationen ambulant zu erbringen. Hierfür wurde eine auf die spezifischen örtlichen Verhältnisse und Kompetenzen abgestimmte Vereinbarung mit den Kostenträgern geschlossen. Das Vergütungsmodell in Heidelberg besteht seit 2012. Ausgewählte Patienten mit niedrigem Risiko für Komplikationen wie Alter, keine Dialysepflicht usw. werden ambulant transplantiert. Hierfür ist eine gute Logistik und Supportiv-Therapie erforderlich. Die Vergütung erfolgt als ambulante DRG-Leistung tagesbezogen bis zu einem Deckelbetrag zuzüglich einem Zusatzentgelt (ZE). Muss der Patient stationär weiterbehandelt werden, ist eine entsprechende DRG-Abrechnung ebenfalls möglich, was gewissermaßen einer Teilung des finanziellen Risikos zwischen Kasse und Krankhaus gleichkommt.[3]

---

3 Oncol Res Treat 2015; 38 (suppl 1), S. 14; Daniel Strech et al; Workshop – Ökonomische Steuerungsmechanismen: Beispiel Hämatologie und Onkologie

3.2.3 Heidelberger Ionen-Therapie-Anlage (HIT)

Die Idee zum Bau des Heidelberger Ionenstrahl-Therapiezentrums entstand in den 80er Jahren bei ersten Diskussionen zwischen Wissenschaftlern der Klinik für RadioOnkologie und Strahlentherapie des Universitätsklinikums Heidelberg und des GSI Helmholtzzentrum für Schwerionenforschung, Darmstadt. Schon Ende der 70er Jahre wurde auf dem Gebiet der Schwerionenbestrahlung geforscht, seit 1993 wurden Forschung und Entwicklung dann intensiv vorangetrieben, so dass die Klinik für Radioonkologie und Strahlentherapie in der Zeit von Mitte der Neunziger Jahre bis 2008 bereits Patienten unter Studienbedingungen in der GSJ in Darmstadt bestrahlen konnte. Jährlich wurden hierzu in vier Zeitslots von jeweils 20 Tagen Strahlzeiten zur Verfügung gestellt.

Die vielversprechenden Resultate dieser neuen Bestrahlungsmethode ermutigten das Klinikum, eine eigene Schwerionen- und Protonentherapie zu planen. Der Businessplan hierzu wurde Anfang 2000 vom Aufsichtsrat grundsätzlich gebilligt, das Forschungskonzept von der DFG bewilligt und das Investitionsvorhaben (Gesamtkosten 120 Mio. €) mit 50 % von der DFG gefördert. Die verbleibenden 50 % der Investitionskosten hat das Klinikum über ein Darlehen finanziert. Baubeginn war im Mai 2004, die Inbetriebnahme im November 2009. Das imposante Gebäude mit 5.000 m2 Nutzfläche beinhaltet 3 Bestrahlungsräume, davon einen mit einer Schwerionen-Gantry. Sie ist 670 Tonnen schwer und im Durchmesser 13 Meter groß, eine weltweit einmalige Konstruktion.

In der als 100 % des Klinikums betriebenen HIT-GmbH bilden Ärzte, Pflegekräfte, Medizinisch-technische Radiologieassistenten, Physiker, Ingenieure und Techniker das 70 Mitarbeiter umfassende Team.

Seit Inbetriebnahme des Heidelberger Ionenstrahl-Therapiezentrums HIT im Jahr 2009 werden dort Patienten mit folgenden Tumoren bestrahlt: Chordome und Chondrosarkome der Schädelbasis, Speicheldrüsenkarzinome (inkl. den adenoidzystischen Karzinomen), Chordome und Chondrosarkome des Beckens, kindliche Tumoren, neuroonkologische Tumoren, Leberzellkarzinome, inoperable Enddarmkrebsrezidive, inoperable Knochensarkome, Prostatakrebs.

Besonders wirkungsvoll ist der Einsatz von Ionenstrahlen bei bestimmten Krebsarten im Kindesalter. Gerade bei Kindern ist es wichtig, Langzeitnebenwirkungen einer Therapie zu vermeiden. Mit Ionenstrahlen ist es möglich, das gesunde Gewebe maximal zu schonen. So können unter anderem Wachstums- und Entwicklungsdefizite sowie die Entstehung von Zweittumoren vermieden werden.

Seit der Inbetriebnahme der HIT-Anlage im November 2009 wurden mehr als 2.500 Patienten bestrahlt.

Bedeutung für die Versorgung und Finanzierungsmöglichkeiten 37

Die Kostenübernahme in Höhe von ca. 30.000 € / Fall wird durch Vereinbarungen mit den Krankenkassen geregelt, die ihren Mitgliedern damit einen Zugang zu der innovativen Therapie ermöglichen.
[siehe Abb. 3a, 3b, 3c]

Abbildung 3a

Abbildung 3b

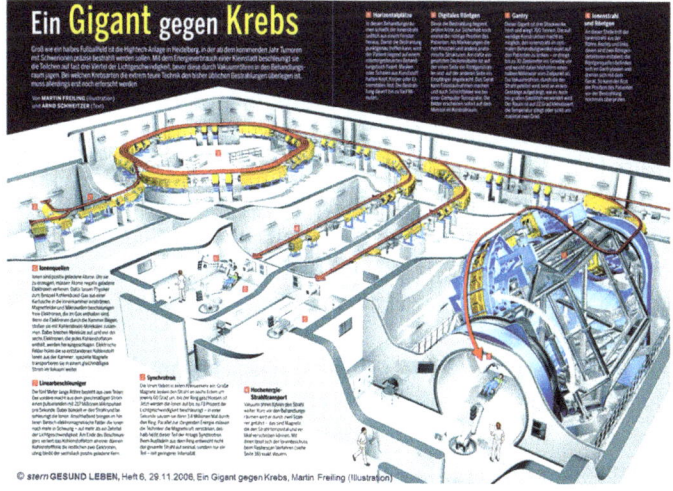

Abbildung 3c

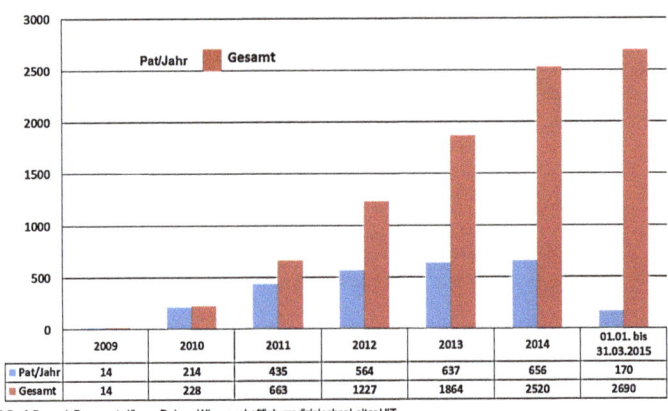

3.2.5 Marburger-Ionenstrahl-Therapie-Betriebs-Gesellschaft des Universitätsklinikums GmbH (MIT)

Das Universitätsklinikum Heidelberg hat mit der Rhön-Klinikum AG im Herbst 2014 eine gemeinsame Firma zum Betrieb des am Universitätsklinikum Marburg errichteten Ionen-Therapiezentrums (MIT) gegründet, wobei das Klinikum den Betrieb verantwortet.

Über den Ablauf der technischen und klinischen Inbetriebnahme haben die Betreiber und Partner des MIT – Universitätsklinikum Heidelberg, Rhön Klinikum AG, Land Hessen, Universitätsklinikum Marburg, Universitäten Marburg und Heidelberg sowie Siemens AG geeinigt. Bedingung war, dass die in der Marburger Anlage behandelnden Patienten als Patienten des Universitätsklinikums Heidelberg geführt werden, da unter der Gesamtverantwortung der hiesigen Ärzte die Behandlung in Marburg erfolgt.

Im Herbst 2015 sollen die ersten Patienten in der Anlage am Standort Marburg behandelt werden. [siehe Abb. 3d]

Die in Marburg verfolgten Ziele sind deckungsgleich mit denen in Heidelberg: Evaluierung einer nicht invasiven Behandlungsmethode, Behandlungsalternative für nicht operable Tumore. Alle Patienten werden im Rahmen von klinischen Studien behandelt.

Bedeutung für die Versorgung und Finanzierungsmöglichkeiten 39

Die Anlage kann zudem als Back-up für die Heidelberger Anlage genutzt werden und dient der Betriebssicherheit für die Anlage am Heidelberger Standort. Auch wird eine gewisse Effizienzsteigerung bei Betrieb zweier Anlagen erwartet.

Die Anzahl jährlich behandelter Patienten soll sukzessive auf bis zu 750 Patienten/Jahr gesteigert werden. Zum Vergleich: Diese Anzahl an jährlich bestrahlten Patienten wird auch seit 2014 im HIT erreicht.

Abbildung 3d

Marburger-Ionenstrahl-Therapie-Betriebs-Gesellschaft des Universitätsklinikums GmbH (MIT)

- Synergien mit HIT
- Betriebsaufnahme   Oktober 2014
- Patientenbetrieb   Ende 2015

3.2.6 Beispiel für medizintechnische Innovationen – MR Neurographie Nord

Erkrankungen des peripheren Nervensystems, also sämtlicher Nervenbahnen außerhalb des Gehirns und Rückenmarks, stellen die häufigsten neurologischen Störungen dar. Die Diagnose wird üblicherweise aus der Krankheitsgeschichte, der neurologischen Untersuchung sowie gegebenenfalls elektrophysiologischen Messungen (z. B. Leitgeschwindigkeit des Nervens) gestellt. Die Abteilung für Neuroradiologie des Universitätsklinikums Heidelberg beschäftigt sich schon seit vielen Jahren intensiv mit der Entwicklung und Anwendung von MRT-Verfahren, um diese Erkrankungen auch im MRT-Bild sichtbar zu machen. Mit Hilfe dieses Verfahrens konnten manche Erkrankungen neu entdeckt oder völlig neu verstanden werden. Infolge dessen kommen viele Patienten aus Deutschland und dem benachbarten Ausland zu einer MRT-Untersuchung nach Heidelberg.

Um die Technik auch im Norden Deutschlands verfügbar zu machen, entstand das Konzept der MR-Neurographie Nord: Hierzu hat das Universitätsklinikum Heidelberg eine Praxis in Hamburg eröffnet. Die GmbH wird als 100 % Tochter des Klinikums betrieben. Das Vorgehen wurde mit der Ärztekammer Hamburg abgestimmt. Der Patient wird in der MRT-Praxis mit einem technologisch hochmodernen Hochfeld-MRT-Gerät untersucht und von einem Team aus erfahrenen Medizinisch-Technischen-Assistentinnen betreut, die in Heidelberg für die MR-Neurographie geschult wurden. Medizinisch erfolgt die Betreuung von spezialisierten Ärzten aus Heidelberg, die via Internet in Echtzeit die MRT-Untersuchung des Patienten sehen und steuern können. Unmittelbar nach der Untersuchung erfolgt via Telemedizin die Befundbesprechung mit dem spezialisierten Radiologen in Heidelberg. Dazu können auch andere Spezialisten dazu geschaltet werden. Auf diese Weise profitieren die Patienten auch in Hamburg von topmoderner Medizintechnik und dem Spezialwissen der international ausgewiesenen Ärzte des Universitätsklinikums Heidelberg. Der Spezialist kommt zum Patienten und nicht der Patient zum Spezialisten. [siehe Abb. 3e, 3f]

Abbildung 3e

UniversitätsKlinikum Heidelberg

MRT Betriebsgesellschaft Neuer Wall Hamburg mbH

- Neuroradiologische Praxis in Hamburg
- Betriebsaufnahme am 2. Oktober 2014
- Neuroradiografie ist ein Alleinstellungsmerkmal
- Teleradiologische Anbindung am Universitätsklinikum Heidelberg

Abbildung 3f

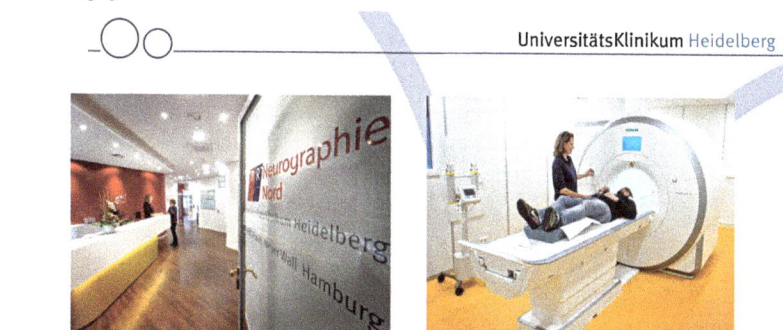

© Prof. Bendzus, Universitätsklinikum Heidelberg

4. Fazit

Die Universitätsklinika sind mit ihrer Innovationskraft Treiber des medizinischen Fortschritts und der Weiterentwicklung der Hochleistungsmedizin. Dabei stehen sie in einem extremen Spannungsfeld zwischen wissenschaftlichen Möglichkeiten und finanziellen Restriktionen im Gesundheitswesen. Der medizinische Fortschritt, Innovationen und Prozessverbesserungen in der Patientenbehandlung ermöglichen die Ambulantisierung ehemals stationär erbrachter Leistungen. Dieser Megatrend gilt ganz besonders für die Onkologie (immer weniger Betten, dafür große Tageskliniken, Ambulanzeinheiten). Die sektorisierte Krankenversorgung (anachronistischer Luxus) und die sektorisierten Vergütungssysteme behindern den medizinischen Fortschritt. Sie verschlechtern die wirtschaftliche Lage der Krankenhäuser und insbesondere der Uniklinika, da die innovativen, komplexen ambulanten Leistungen der Krankenhäuser häufig nicht ausreichend vergütet werden. Die Uniklinika benötigen darüber hinaus in Ergänzung zur DRG-Vergütung die Finanzierung ihrer besonderen Aufgaben und Leistungen. Andernfalls sind ihre Innovationsfähigkeit und ihre internationale Wettbewerbsfähigkeit gefährdet.

5. Literaturverzeichnis

Politikbrief – Argumente und Lösungen der deutschen Uniklinika, Verband der Universitätsklinika Deutschlands e. V., 1: 2015, S. 6

Workshop – Ökonomische Steuerungsmechanismen: Beispiel Hämatologie und Onkologie. (01 2015). Oncology Research and Treatment 2015; 38 (suppl 1), S. 14.

Michael Hennrich

Das AMNOG als lernendes System. Bestandsaufnahme und mögliche Korrekturen

Rückblick auf vier Jahre AMNOG

Das AMNOG wird von der Fachwelt als Erfolg gewertet und das damit eingeführte Instrument der Frühen Nutzenbewertung leistet den erhofften Beitrag zur Optimierung der Arzneimittelversorgung. Das zeigen die 25 umsatzstärksten Medikamente, die bislang die Bewertung durchlaufen haben. Die Folge ist, dass neu eingeführte Präparate in Deutschland inzwischen in vielen Fällen nicht mehr teurer und oft sogar günstiger sind als in anderen europäischen Ländern. Dabei wurde das AMNOG anfangs in der Tagesschau noch als „Kniefall vor der Pharmalobby" bezeichnet; -eine Einschätzung, die sicher nicht zutrifft. Auch die damalige Opposition erkannte nicht auf Anhieb den von der Koalition eingeleiteten Paradigmenwechsel.

Wichtig war, das AMNOG als lernendes System zu verstehen; deshalb wurden bereits 2012 und 2013 durch das 2. und 3. Gesetz zur Änderung arzneimittelrechtlicher und anderer Vorschriften erste Verbesserungen umgesetzt.

AMG-Novelle 2012

Seit der Novelle von 2012 können pharmazeutische Unternehmen für eine Übergangszeit unvollständige Nutzen-Dossiers nachbessern und eine neue Nutzenbewertung beim G-BA beantragen. Außerdem werden nun bei Beratungen des Herstellers durch den G-BA die Zulassungsbehörden stärker beteiligt, um das Studiendesign planen zu können. Darüber hinaus werden durch die Novellierung des §130b SGB V die Vorgaben zur Berücksichtigung europäischer Preise in den Preisverhandlungen ergänzt durch einen Zusatz hinsichtlich der Gewichtung nach den jeweiligen Umsätzen und Kaufkraftparitäten. Die Ausgestaltung dieser Formulierung wurde den Herstellerverbänden und dem GKV-Spitzenverband übertragen bzw. ist in den individuellen Preisverhandlungen vorzunehmen. Der sogenannte „Länderkorb" enthält nach dem Spruch der Schiedsstelle 15 europäische Staaten. Letztlich spielt bei den Preisverhandlungen aber die Referenzierung eine deutlich geringere Rolle als der festgestellte Zusatznutzen.

AMG-Novelle 2013

Mit dem dritten Gesetz zur Änderung arzneimittelrechtlicher und anderer Vorschriften erhielt der G-BA mehr Flexibilität bei der Auswahl der zweckmäßigen Vergleichstherapie wenn aufgrund der gesetzlichen Kriterien mehrere Vergleichstherapien aus medizinischen oder Evidenzgesichtspunkten zweckmäßig sind. In solchen Fällen kann der Zusatznutzen gegenüber jeder der gleichsam zweckmäßigen Vergleichstherapien nachgewiesen werden, wodurch die Nutzenbewertung von der Frage der Wirtschaftlichkeit entkoppelt wurde und ferner vorhandene Evidenz nicht aus formalen Gründen verloren geht.

Für Arzneimittel ohne nachgewiesenen Zusatznutzen darf der Erstattungsbetrag nicht zu höheren Jahrestherapiekosten führen als die günstigste der ausgewählten Vergleichstherapien; -ein Thema, das wir aber noch einmal einer genauen Prüfung unterziehen müssen.

Weiter haben wir der Schiedsstelle, die die Preise im Falle einer fehlenden Einigung festsetzt, vorgegeben, keinen starren Algorithmus zur Festsetzung des Preises zu verwenden. Die Schiedsstelle hat eine Gestaltungsfreiheit und entscheidet unter freier Würdigung aller Umstände des Einzelfalls unter Berücksichtigung des jeweiligen Therapiegebietes gemäß § 130b Absatz 4 SGB V.

Vertraulichkeit des Erstattungsbetrages

Das viel diskutierte Thema der Vertraulichkeit des Erstattungsbetrages fand leider keinen Niederschlag in den AMG-Novellen. Denn durch die Offenlegung von Rabatten kann es zu einer Preiserosion in anderen Ländern, die auf die deutschen Preise bezugnehmen, kommen, was auch zu einer Belastung der Preisverhandlungen in Deutschland führt. Zudem erhöht dies die Gefahr, dass Hersteller in Erwartung negativer wirtschaftlicher Auswirkungen auf das Auslandsgeschäft, mit Innovationen nicht oder erst später in den deutschen Markt gehen.

Der Regierungswechsel und die Folgen für das AMNOG

In dieser Legislaturperiode geht es in erster Linie darum, den eingeschlagenen Weg fortzusetzen und die Frühe Nutzenbewertung nach AMNOG insgesamt zu stärken. Es ist aber auch Zeit für eine kritische Bestandsaufnahme. Dabei wollen wir aber den Begriff des „lernenden Systems" nicht überstrapazieren; letztlich geht es um mögliche sinnvolle Korrekturen.

Mit dem 13. und 14. SGB V Änderungsgesetz im Übergang zu dieser Legislaturperiode haben wir die berechtigte Kritik, die unter anderem von der Industrie geäußert wurde, aufgenommen und beispielsweise den Bestandsmarktaufruf beendet.

Bestandsmarktaufruf

Grundsätzlich gilt, dass nur für Medikamente mit echtem Mehrwert für eine qualitativ bessere Arzneimittelversorgung, ein höherer Preis bezahlt wird. Aber natürlich wäre es prinzipiell sinnvoll gewesen, auch Arzneimittel, die bereits auf dem Markt sind, einer solchen Bewertung zu unterziehen. Insofern wurden die Bedenken, die beispielsweise von der Arzneimittelkommission der Deutschen Ärzteschaft vorgetragen wurden, sehr ernst genommen. Es hätte die Politik aber vor erhebliche Probleme gestellt:

In rechtlicher Hinsicht bereits mit der Frage, was mit den Produkten, die nicht aufgerufen wurden, geschieht und wie der Aufruf diskriminierungsfrei zu gestalten wäre. Erheblichen Wettbewerbsverzerrungen hätten die Folge sein können. Diese Probleme wurden von allen Beteiligten erkannt und bei Fortführung des Aufrufes wären lähmende Rechtsstreitigkeiten über Jahre die Folge gewesen.

Auch in methodischer Hinsicht wären die Anforderungen an Studien und Auswahl der passenden Vergleichstherapien sehr schwierig gewesen. (Gerade die zu bewertenden Produkte sind ja heute oft Therapiestandard; -Mit welchen Wirkstoffen sollten sie verglichen werden?) Zudem wurde die Gefahr gesehen, dass der G-BA und das IQWiG an ihre Grenzen stoßen. Die weitere Ausdehnung ihrer Tätigkeitsfelder hätte eine deutliche Personalaufstockung vorausgesetzt. Auch jetzt stehen ausreichende Maßnahmen zur Bewertung von Arzneimitteln zur Verfügung, als da wären Therapiehinweise und Leitlinien der Fachgesellschaften, sowie die Möglichkeit des G-BA vom pharmazeutischen Unternehmer neue Studien zu verlangen, wenn er die Zweckmäßigkeit in Zweifel zieht. Insofern unterliegen die Bestandsmarktprodukte in gewisser Weise einer Bewertung.

Ich denke, dass die Abschaffung des Bestandsmarktaufrufes die praktikabelste Lösung war und dadurch auch Kapazitäten in mehreren Bereichen geschaffen wurden.

Preismoratorium

Durch den Wegfall des Bestandsmarktaufrufes konnten aber Einsparziele teilweise nicht realisiert werden, weshalb eine gewisse Kompensation erforderlich war. So wurde das Preismoratorium nach § 130a Abs. 3a SGB V verlängert und der Herstellerabschlag nach § 130a Abs. 1 S. 1 SGB V von 6 % auf 7 % erhöht.

Sachgerecht erschien uns eine Ausnahme vom Preismoratorium im Bereich bis zur Höhe des Festbetrages, da darunter der Wettbewerb auf den Markt preisregulierend wirkt. Die Erhöhung auf 7 % gilt gemäß § 130a Abs. 1 Satz 2 SGB V ferner nicht für Generika, da diese in besonders intensivem Wettbewerb stehen und Gewinnmargen klein sind. Hier wirkt der Markt bereits preisregulierend und ausgabenmindernd für die Gesetzliche Krankenversicherung.

Wo stehen wir heute:
Rückblick auf die bisherigen Verfahren

Wenn wir heute auf die vergangenen vier Jahre seit Inkrafttreten des AMNOG zurückschauen, so lässt sich festhalten, dass von über 130 Verfahren über 90 abgeschlossen sind. In ca. 55 % der Fälle wurde ein Zusatznutzen festgestellt, dabei in keinem Fall ein erheblicher Zusatznutzen, in 18 Fällen ein beträchtlicher Zusatznutzen, in 25 Fällen ein geringer Zusatznutzen und in 9 Fällen war ein Zusatznutzen nicht quantifizierbar. Der G-BA resümiert, dass in rund zwei Dritteln der bisherigen Fälle (Produkte) ein Zusatznutzen attestiert wurde.

Im Rahmen der Preisverhandlungen haben wir 57 abgeschlossene Erstattungsbetragsverfahren, 7 davon wurden durch die Schiedsstelle gelöst. Im internationalen Vergleich liegen wir hier im Soll und können als Gesetzgeber zufrieden mit dem sein, das wir im SGB V auf den Weg gebracht haben. Vereinzelt auftretende Probleme, wie etwa die Ablehnung eines Zusatznutzens aus formalen Gründen sind nach der Systematik schwierig zu lösen. Oft heißt es bei der Ablehnung aus formalen Gründen, der Hersteller könne den Zusatznutzen nicht belegen, zum Beispiel aufgrund zu weniger direkter Vergleiche oder „nur" Surrogat-Parametern anstatt harter Endpunkte (welche oft für eine frühe Nutzenbewertung nicht vorliegen können). Ähnliches gilt bei der Gewichtung der Evidenz, da sich das IQWiG zuweilen schwer tut in der Abgrenzung von bestmöglicher gegenüber bestverfügbarer Evidenz.

Aber auch hier hat sich gezeigt, dass die Selbstverwaltung Lösungsansätze entwickelt.

Grundsätzlich lässt sich feststellen, dass das AMNOG mittlerweile von allen im Bundestag vertretenen Parteien mitgetragen wird.

Keine Debatte über Positivliste

So ist auch Rechtssicherheit geschaffen worden, indem die Einführung einer Positivliste für verordnungsfähige Medikamente kein Thema mehr ist, denn sie hätte die Therapiefreiheit behindert und nicht zu einer medizinisch sinnvollen

Therapie beigetragen, sowie diverse weitere Schwachstellen zur Folge gehabt. So hatte zuletzt Minister Bahr bestätigt, er wolle solch wichtige Entscheidungen nicht einer Behörde überlassen.

Keine vierte Hürde

Allgemein wird selten Kritik am Gesetzgeber geübt, sondern vielmehr, -insbesondere von Seiten der pharmazeutischen Hersteller-, an der konkreten Durchführung des AMNOG-Prozesses. Die Frühe Nutzenbewertung in Reinkultur wird – auch seitens der Industrie – durchweg positiv beurteilt.

Daher wollen wir auch keine 4. Hürde einführen, denn Innovationen müssen grundsätzlich die Möglichkeit bekommen, schnell beim Patienten zu sein. Dies ist nach wie vor gewährleistet, da jedes Medikament praktisch ab dem Moment seiner Zulassung auch grundsätzlich verordnungsfähig ist. Ich sehe aber auch um die Probleme im AMNOG-Verfahren.

Heute haben sich die Themen verlagert

Ein ganz wesentlicher Bereich ist die Debatte um die individualisierte Medizin, die durch die Möglichkeiten der Gen- und Biotechnologie noch beflügelt wird.

Streitig ist, ob der biochemische Erkenntnisgewinn wirklich zu einer therapeutisch bedeutsamen Abgrenzung von Patienten führt und der patientenrelevante Nutzen nachgewiesen werden kann. Die Technologie hinter der individualisierten Medizin hat durchaus das Potenzial, neue Diagnose- und Behandlungsmöglichkeiten zu erschließen und die Behandlungsqualität deutlich zu erhöhen. Der GKV-Spitzenverband fordert aber für die Versorgung den klaren Nachweis des patientenrelevanten Nutzens. Nur mittels konsequenter Bewertung der angewandten Methoden könne geklärt werden, ob die Erwartungen, die mit den neuen Möglichkeiten verbunden sind, auch erfüllt werden. Nur im Falle dieses Beleges sollte schnellstmöglich eine Aufnahme in den Leistungskatalog der GKV erfolgen, so der GKV-Spitzenverband.

Die meisten der derzeit 30 bis 40 eingesetzten personalisierten Medikamente kommen in der Onkologie zum Einsatz; die Vorab-Tests können beispielsweise ermitteln, welches Präparat am besten wirken würde oder bei welchem die geringsten Nebenwirkungen zu erwarten sind. Tests, die eine teure, aber vielleicht unnötige Krebstherapie verhindern, zahlen Krankenkassen in der Regel bereits. Bei anderen Krankheitsbildern sieht es noch anders aus, denn die Kassen haben grundsätzliche Zweifel, dass solche Tests die Behandlungsqualität wirklich verbessern.

Aktuelle Probleme aus der Frühen Nutzenbewertung

Grundsätzlich ist zunächst einmal festzuhalten, dass wir uns regulatorisch auf ganz unterschiedlichen Ebenen bewegen. Zum einen haben wir die relevanten Regulierungen im SGB V. Hinzu kommen die Arzneimittelnutzenverordnung, aber auch die Verfahrensordnung des G-BA, das Methodenpapier des IQWiG und die Rahmenvereinbarung.

Wünschenswert wäre daher, wenn klarer herausgearbeitet werden würde, wo die Probleme entstehen und an welchen Stellen der Gesetzgeber überhaupt eingreifen könnte und müsste.

Governanceproblem

Aus Sicht vieler Kritiker resultieren die auftretenden AMNOG-Umsetzungsprobleme hauptsächlich aus der aktuellen Governance-Struktur des GKV-Spitzenverbandes, der das gesamte Verfahren (Regelgeber, Schiedsrichter und Spieler) dominiere. Die grundsätzliche Kritik: Es fehle an einer klaren Trennung von medizinischer Bewertung und nachgelagerten Erstattungsbetragsverhandlungen, wie sie in anderen Ländern existiert. Dem GKV-Spitzenverband ist es möglich, in allen Phasen maßgeblich Einfluss zu nehmen.

So wird auch die gelebte Praxis immer wieder thematisiert, also etwa die nicht ausreichende Berücksichtigung des Versorgungsalltags, -aber auch die fehlende Beteiligung von Pharmaindustrie und Fachgesellschaften.

Was bewegt uns aktuell

Steigen wir ein:

Die Kritik von Fachgesellschaften und Industrie, bezieht sich auf alle drei Prozessschritte, also den Verfahrensbeginn und die Dossiereinreichung, das Bewertungsverfahren beim IQWiG und dem G-BA, sowie die Festlegung des Erstattungsbetrages.

1. Verfahrensbeginn und Dossiereinreichung

Die Bewertung des Nutzens erstattungsfähiger Arzneimittel mit neuen Wirkstoffen erfolgt auf der Basis von Nachweisen des pharmazeutischen Unternehmens, was auch für neu zugelassene Anwendungsgebiete gilt.

Auf Basis des § 35a SGB V und der Arzneimittelnutzenverordnung erweiterte der G-BA seine Verfahrensordnung um das 5. Kapitel. Hierin interpretiert und konkretisiert der G-BA die inhaltlichen und formalen Anforderungen an die Frühe Nutzenbewertung, wie etwa die Anforderungen an den Nachweis des Zusatznutzens, die Bestimmung der Vergleichstherapie und das einzureichende Dossier. Maßgeblichen Anteil am Erfolg der Nutzenbewertung und somit des Marktzugangs hat das Dossier, bei dessen Erstellung sich nach nunmehr vier Jahren eine Best Practice abzeichnet. Probleme können sich hier aber bereits bei einer (zu) engen Begrifflichkeit eines neuen Wirkstoffes ergeben und etwa der Frage, ob eine neue Galenik einen Zusatznutzen darstellt oder eher unter den Begriff Marketing zu fassen ist. Die intensive Auseinandersetzung mit der bisherigen Spruchpraxis von IQWiG und G-BA ist Voraussetzung bei der erfolgreichen operativen Erstellung eines Nutzendossiers.

Sofern der Hersteller gar kein Dossier einreicht – was vom G-BA kritisch gesehen wird- erfolgt die Eingruppierung in eine Festbetragsgruppe; der G-BA kann jedoch gemäß § 92 Abs. 2a SGB V ergänzende versorgungsrelevante Studien einfordern und ein Arzneimittel gegebenenfalls von der Versorgung ausschließen.

Zusammenspiel zwischen G-BA und Zulassungsbehörde

Wiederholt wird das Zusammenspiel zwischen der Zulassungsbehörde und dem G-BA in die Diskussion eingebracht. Die Frage ist, ob sich hier die gesetzliche Regelung in der Praxis bewährt. So kommt es oft vor, dass hier aus Sicht der Industrie zu wenig Planungssicherheit herrscht und das Studiendesign zum Zulassungszeitpunkt spater im AMNOG-Verfahren nicht oder nicht mehr einschlägig ist. Das kann erhebliche Probleme und erheblichen Mehraufwand für die Hersteller bedeuten, da etwa bestimmte patientenrelevante Endpunkte zum frühen Zeitpunkt der Dossiererstellung noch nicht vorliegen können. Die zweckmäßige Vergleichstherapie soll ferner „im Einvernehmen" von G-BA und den zuständigen Bundesoberbehörden BfArM und PEI festgelegt werden, so auch der Bundesrat in einer Stellungnahme.

Der Hersteller hat die Möglichkeit, das Dossier vorfristig einzureichen und formal prüfen zu lassen, -eine inhaltliche Prüfung erfolgt dabei jedoch nicht, wobei ein nachbessern möglich ist. Was ferner den Dokumentationsaufwand anbetrifft, stehen die vom Gesetzgeber vorgesehenen 1250 Euro in keinem Verhältnis zu den tatsächlichen Kosten.

Festlegung der Vergleichstherapie

Ferner gibt es bei der korrekten Festlegung der Vergleichstherapie zuweilen Schwierigkeiten, gerade vor dem Hintergrund der immer komplexer werdenden Behandlungssituation. Die Definition des Behandlungsstandards muss dem aktuellen Stand des medizinischen Wissens entsprechen. Bereits hier gibt es lebhafte Diskussionen, da der Prozess insbesondere in so forschungsaktiven Disziplinen wie der Onkologie sehr dynamisch ist. Das zeigt, dass nur die frühzeitige Hinzuziehung von Experten und Fachgesellschaften den Abgleich der Festlegung einer Vergleichstherapie mit dem aktuellen Stand des Wissens gewährleisten kann.

2. Bewertungsverfahren beim IQWiG und dem G-BA

Grundsätzlich ist festzuhalten, dass das Zusammenspiel zwischen den beiden Institutionen gut funktioniert. Bemängelt wird, -insbesondere seitens der Industrie-, dass die realen Anforderungen an klinische Studien, die mit Ethikkommission und Zulassungsbehörden abgestimmt wurden, im Rahmen der Nutzenbewertung in Deutschland nach Auffassung des IQWiG ausgeblendet werden sollen. Bewertungsmaßstäbe dieser orthodoxen Betrachtung seien im internationalen Vergleich formal und methodisch unangemessen hoch und könnten durch Studienlage häufig nicht erfüllt werden. Gefordert wird daher die Beteiligung der Fachgesellschaften an G-BA Entscheidungen.

Bei potenziell zu hohen Evidenzanforderungen sind jedoch Korrekturmöglichkeiten durch den G-BA vorhanden. So sollen regelhaft Maßstäbe angelegt werden, die sich aus internationalen Standards der evidenzbasierten Medizin ergeben. Damit könnte den zuweilen unbefriedigenden Ergebnissen bei der Zuhilfenahme von indirekten Vergleichen und einarmigen Studien begegnet werden.

Patientenrelevante Endpunkte

Bei der Festlegung der Endpunkte einer Nutzenbewertung und der Auswahl der zweckmäßigen Vergleichstherapie ist eine differenzierte Vorgehensweise überlegenswert, die die Erfahrungen der Fachgesellschaften und auch die Patientenperspektive frühzeitig miteinbezieht.

So zeigt die bisherige Erfahrung mit Nutzenbewertungen im Bereich Hämatologie/Onkologie, dass häufig Vergleichstherapien gewählt werden, die deutlich von den gültigen nationalen und internationalen Therapieleitlinien abweichen. Darüber hinaus wird gerade in der palliativen Therapie mit Blick auf die Endpunkte die Lebensqualität zu wenig berücksichtigt. Es verwundert hier, dass Endpunkte, die mit den Zulassungsbehörden als primäre und zulassungsrelevante Studienendpunkte definiert wurden, wie etwa progressions- oder krankheitsfreies Überleben oder die Ansprechrate in der Krebstherapie, seitens des G-BA als nicht patientenrelevant eingestuft werden. Ähnlich war es bisher bei der Senkung der Viruslast bei Infektionskrankheiten, wie etwa Hepatitis C im Fall des Präparats

Boceprivir. Das IQWiG akzeptierte die drastische Senkung/ Eliminierung der Viruslast nicht als Heilungsendpunkt, obwohl diese weltweit als Heilungsparameter angewendet werden und sämtliche Zulassungen in den entsprechenden Gebieten darauf basieren. Im Falle des Hepatitis C Präparats Sovaldi ist der G-BA zu Recht von der strengen Bewertung des IQWiG abgewichen.

Es stellt sich die Frage, wie Mortalität, Morbidität und Lebensqualität sachgerecht abgebildet werden können. Aus meiner Sicht muss auch weiter beobachtet werden, wie mit der naturgemäß schwachen Evidenz bei der Behandlung chronischer Erkrankungen bezogen auf die Langzeitwirkung neuer Wirkstoffe umgegangen werden kann, da entsprechende Daten zum Zeitpunkt der Frühen Nutzenbewertung nicht vorliegen.

Preisanker

Ein wesentliches Problem ist auch die Doppelfunktion der zweckmäßigen Vergleichstherapie als Komparator und Kostenmaßstab. Es ist vom Grundsatz her logisch, dass wirkliche Innovationen im Arzneimittelbereich sich für den Hersteller, der oft hohe Forschungskosten hatte, auch auszahlen müssen. Oft wird hier die Preisankerproblematik ins Feld geführt. Wie zuvor festgestellt ist Dreh- und Angelpunkt im gesamten AMNOG-Verfahren die Bestimmung der zweckmäßigen Vergleichstherapie. Problematisch ist dabei aber, dass es aus Sicht der Kostenträger nachvollziehbar ist, neue Therapien gegen Generika antreten zu lassen. Dies war bisher bei der Mehrzahl der Verfahren der Fall und führt dazu, dass selbst bei Präparaten mit erheblichem Zusatznutzen unter anderen mit der (extrem) günstigen generischen Therapie verglichen wird. Dieser „generische Preisanker" ist aber kein durch die Politik zu lösendes Problem, sondern ist im Hinblick auf die Rahmenvereinbarung zwischen Industrie und Kassen zu erarbeiten, wobei zugestanden werden muss, dass der GKV-SV in dem Verfahren einen wesentlichen Faktor bildet und primär die Kostensenkung im Fokus hat. Immerhin wurde durch die Änderung in der 3. AMG-Novelle auf eine wirtschaftliche Therapiealternative nur noch beim Kostenvergleich abgestellt.

Zur Innovationsförderung könnten auch Arzneimittel aus bislang vernachlässigten Anwendungsgebieten in der Nutzenbewertung bessergestellt werden, wie beispielsweise neue Antibiotika. Dabei ist auch das niedrige Preisniveau etablierter Antibiotika problematisch, das den Ausgangspunkt der Verhandlungen über den Preis bildet. Die geltenden Erleichterungen für Orphan Drugs könnten Vorbild für eine Regelung sein.

3. Festlegung des Erstattungsbetrages

Bei den Preisverhandlungen lässt sich zwar feststellen, dass meistens vernünftige Verhandlungsergebnisse erzielt werden, einige Fälle aber auch zeigen, dass Verlauf und Ergebnis hier nicht immer zufriedenstellend sind.

Die Pharmaindustrie betont, dass eben z. B. viele patientenrelevante Ergebnisse vorher gar nicht oder nur unzureichend in die Bewertung eingeschlossen wurden und der GKV-SV in der Preisverhandlung oftmals verhandlungsunwillig auf seinen Maximalforderungen bestehe. Eingewendet wird seitens der Industrie, dass die in Deutschland erstatteten Preise im Schnitt teils dramatisch unter dem europäischen Preisniveau liegen. Dem kann ich so schwer Glauben schenken, zumal man von den Listenpreisen redet und nicht von den im Ausland tatsächlich erstatteten Preise. Hier ist leider immer noch keine Transparenz gegeben, so dass eine Bewertung dieser Kritik kaum möglich ist.

Beispiele für Erfolge und Misserfolge der Verhandlungen

Bekannt sind nun mehrere Fälle, in denen es zu keiner Einigung kam und der Hersteller –weil beispielsweise seinem Diabetes-Präparat rein formal kein Zusatznutzen attestiert wurde- das Produkt aus dem deutschen Markt zurückzog. Dieses Beispiel zeigt, dass nicht alle Verfahren im Sinne der Vernunft enden; -auch aus Kostensicht.

Einen ähnliches Fall gab es bei einem anderen Diabetes-Präparat, wo der EU-Durchschnittspreis der Tagestherapiekosten bei ca. 2,30 Euro lag, was bereits günstiger ist, als die in Deutschland bislang verwendeten Alternativen. Der GKV-Spitzenverband beharrte aber auf einem Erstattungspreis im niedrigen Cent-Bereich. Nachdem die Schiedsstelle dann einen Wert von 0,55 Euro festlegte, setzte der Hersteller das Medikament in Deutschland außer Vertrieb. Ein Nachteil für Patienten und Kassen.

Es ist zwar gewollt, dass der GKV-SV im Sinne der Versichertengelder hart verhandelt; es darf hier aber nicht zu einem solchen Ungleichgewicht kommen, dass der Hersteller am Ende mit dem –dann oft geschiedsten Preis- nicht mehr ökonomisch arbeiten kann und Patienten das Medikament dann nicht mehr, oder nur umständlich durch Einzelimporte einzelner Krankenkassen zur Verfügung steht.

Aktuelle Beispiele zeigen jedoch auch, dass sich das System der zentralen Verhandlung mit dem GKV-Spitzenverband bewährt hat, wobei ich ergänzen würde, dass Krankenkassen auch parallel verhandeln können. Mehrheitlich kam es bislang zu praktikablen Ergebnissen und aktuelle Beispiele zeigen auch, dass kritische Fälle von der Selbstverwaltung tatsächlich gelöst werden können. So ist etwa im Fall des Hepatitis C Medikaments Sovaldi das bereits begonnenen Schiedsverfahren ausgesetzt worden und es wurde ein auch für das Unternehmen akzeptabler Preis verhandelt. Schließlich können solche Innovationen nicht nur ein Segen für die Patienten sein, sondern auch erhebliche Folgekosten außerhalb des Arzneimittelbereichs reduzieren.

Preisgestaltung aktuell

Fälle wie Sovaldi zeigen, dass Schnellschüsse der Politik verfehlt wären und etwa ein rückwirkender Erstattungsbetrag nicht sachgerecht wäre. Andere Hersteller sollen hier auch nicht in Sippenhaft genommen werden. Bei extrem hohen Kosten für unser Gesundheitssystem könnte etwa über ein Quotenmodell, ähnlich wie bei den Orphan Drugs nachgedacht werden.

Die Wirtschaftlichkeit des Erstattungsbetrages ist ein wichtiges Element im AMNOG-Prozess. So muss auch bei G-BA-Beschlüssen mit sehr durchmischtem Ergebnis bei den von einem Arzneimittel profitierenden Patienten ein einheitlicher Preis gefunden werden. Bei dem genannten Fall wurde dem Präparat bei etwa fünf Prozent der Patienten ein Hinweis auf einen beträchtlichen Zusatznutzen bescheinigt, für circa 35 Prozent eine geringer Zusatznutzen und bei etwa 60 Prozent der Patienten galt ein Zusatznutzen als nicht belegt. Die Weiterentwicklung der Mischpreisbildung, aber auch Verordnungsausschlüsse bei Teilpopulationen und die Vereinbarkeit von Praxisbesonderheiten können in solchen Fällen wichtige Instrumente sein. So betont etwa auch der GKV-Spitzenverband, dass der vereinbarte Erstattungsbetrag den verordnenden Arzt nicht von seiner Pflicht entbindet, generell jede Verordnung auf ihre Zweckmäßigkeit und Wirtschaftlichkeit hin zu prüfen.

Pharmadialog

Für die Politik steht der Versorgungsaspekt im Vordergrund mit der Frage: Wird das AMNOG Innovationen im Sinne der Patienten gerecht? Im Sinne eines lernenden Systems fördern wir die Diskussion mit allen Beteiligten. Daher wurde eine ressortübergreifende Dialogrunde aus Industrie, Politik und Wissenschaft im Gesundheitswesen eingerichtet: -Der Pharmadialog.

Im Fokus steht insbesondere die Position von Deutschland als wichtiger Forschungs- und Entwicklungsstandort für Arzneimittel. Am Pharmadialog sind daher neben dem Ressort Gesundheit auch das Wirtschafts- und Forschungsministerium beteiligt. Der Dialog ist auf vier Diskussionsrunden angelegt, wobei es um die Themen Forschung, AMNOG und die Produktionsbedingungen der Pharmaindustrie geht. Erwartet wird vor allem von Industrieseite ein besseres Verständnis der Politik für die Probleme der Hersteller, vor allem mit dem AMNOG und den Forschungskosten.

Nach Abschluss des Pharmadialogs Ende 2015 werden wir erneut die Arzneimittelthemen, wie zum Beispiel das Thema Reimportquote, aufrufen und gegebenenfalls an AMNOG-Stellschrauben nachjustieren.

Petra A. Thürmann

Chancen und Grenzen der stratifizierenden Therapie

Individualisierte, personalisierte und stratifizierende Medizin

Der Gebrauch des Begriffs von der personalisierten, individualisierten oder stratifizierten Medizin ist in den letzten zehn Jahren exponentiell angestiegen. Geht man in die US amerikanische online Bibliothek (PubMed; http://www.ncbi.nlm.nih.gov/pubmed), die von Ärzten und Naturwissenschaftlern am häufigsten verwendete Datenbank zur Recherche von Publikationen, so werden unter den Schlagwörtern „individualized medicine" oder „personalized medicine" im Jahre 2000 nur 109 bzw. 124 Publikationen angezeigt, im Februar 2015 waren es 11.786 bzw. 18.048 Artikel, die mit diesen Schlagwörtern angezeigt werden. Der Versuch einer Definition erscheint lohnenswert.

Unter dem Gesichtspunkt der Publikationen kommt man der Begrifflichkeit am nächsten, wenn man davon ausgeht, dass es sich hierbei um eine auf die individuellen biologischen Merkmale eines Patienten maßgeschneiderte Medizin handelt[1] (vgl. Leopoldina 2014, S. 16). Man könnte natürlich auch darunter verstehen, dass die Therapie auf die individuellen Bedürfnisse eines Patienten zugeschnitten wird, was durchaus etwas ganz anderes sein kann (vgl. Hüsing B. 2008, S. 39). Bislang wurde in der Medizin gerade bei den häufig vorkommenden Volkskrankheiten wenig differenziert, viele Medikamente stehen in der ersten Reihe zur Behandlung eines hohen Blutdrucks (vgl. Deutsche Hochdruckliga, 2008), alle Statine sind zur Senkung eines zu hohen Cholesterinwertes geeignet (vgl. Bundesärztekammer, 2014) und bei den oralen Antidiabetika ist zwar recht klar, dass Metformin präferiert werden sollte, aber additiv und danach kommen eine ganze Reihe verschiedenster Pharmaka infrage (vgl. Bundesärztekammer, 2013). Entsprechend den aktuellen Leitlinien wird mit einer der vorgeschlagenen Substanzen oder Substanzklassen begonnen, und je nach Verträglichkeit und Ansprechen wird weiter „probiert", wie der individuelle Patient reagiert. Eine vorhe-

---

1 Schleidgen et al. (vgl. Schleidgen, S. 2013) analysierten 683 Definitionen von personalisierter Medizin und fassten diese wie folgt zusammen: „PM seeks to improve stratification and timing of health care by utilizing biological information and biomarkers on the level of molecular disease pathways, genetics, proteomics as well as metabolomics."

rige, individuelle Abschätzung zur Wirksamkeit und Verträglichkeit gab es bislang kaum, was angesichts des multifaktoriellen Ursprungs dieser Erkrankungen nicht verwundert. Tatsächlich versteht man aktuell unter individualisierter (i.d. Regel synonym gebraucht zu personalisierter) Medizin meist eine solche Therapie, die auf genetische oder andere sogenannte Biomarker[2] abgestimmt sind. Diese ist jedoch nicht auf einen individuellen Patienten zugeschnitten, sondern auf die Merkmale einer Gruppe von Patienten, die alle dasselbe Merkmal aufweisen und sollte daher korrekterweise stratifizierte Therapie genannt werden (vgl. Hüsing, B. 2008, S. 71; Leopoldina 2014, S. 106).

Ausgewählte Vor- und Nachteile der stratifizierenden Therapie

An zwei Beispielen soll kurz erläutert werden, was stratifizierte Medizin unter Umständen bedeuten kann. Der Wirkstoff Abacavir (vgl. ViiV Healthcare GmbH, 2014) wird bei Patienten mit HIV eingesetzt, ruft jedoch bei 2–9 % der Patienten, meist innerhalb der ersten sechs Therapiewochen, schwere allergische Nebenwirkungen hervor. In den biologischen Proben der teilnehmenden Patienten aus klinischen Studien wurde eine sogenannte genomweite Assoziierungs-Studie (GWAS) durchgeführt und dabei festgestellt, dass ein bestimmtes Oberflächenmerkmal im Immunsystem (HLA-B* 5701) der beste Prädiktor für das Auftreten dieser Nebenwirkung ist. In zwei prospektiven, randomisierten, kontrollierten Studien wurde der Nutzen der Testung auf das o. g. Merkmal überprüft und es fand sich ein signifikanter Unterschied, d. h. die Mehrzahl der Patienten, die eine schwere Nebenwirkung erleiden würden, können durch diesen Test identifiziert werden. Somit ist die Durchführung dieses Testes verpflichtend in der Fachinformation für dieses Medikament aufgeführt, bei Nachweis der HLA-B* 5701 Variante sollte ein anderes Medikament gewählt werden (vgl. ViiV Healthcare GmbH, 2014).

Im eher positiven Sinne, nämlich in Bezug auf das Ansprechen einer Therapie, sei das Medikament Vemurafenib erwähnt. Dieses wird eingesetzt bei Patienten mit Melanom (schwarzer Hautkrebs), wobei die entarteten Zellen (und nicht die Patienten) eine besondere Mutation aufweisen (vgl. Roche Pharma AG, 2014).

---

2 Unter einem Biomarker versteht man eine objektive Messgröße zur Bewertung von normalen biologischen oder pathologische Prozessen, von pharmakologischen Reaktionen auf eine therapeutische Intervention oder auch von Reaktionen auf präventive oder andere Gesundheitsinterventionen. Meist sind es biochemische Marker, die auf verschiedenen Ebenen zwischen Genom und seiner phänotypischen Ausprägung gemessen werden können (vgl. Hüsing, B. 2008).

Das Medikament Vemurafenib greift diese Zellen besonders effektiv an und wurde für also nur für die Patienten entwickelt, deren Tumor diese Mutation auch tatsächlich aufweist. Konsequenterweise wurden schon in die zulassungsrelevanten klinischen Studien nur die Patienten eingeschlossen, für deren Melanom genau diese Mutation nachgewiesen werden konnte, also nach diesem Merkmal stratifiziert. Die Studienergebnisse waren überzeugend, was auch vom G-BA anerkannt (Hinweis für einen beträchtlichen Zusatznutzen; GBA Beschluss vom 6.9.2012 https://www.g-ba.de/downloads/39-261-1560/2012-09-06_AM-RL-XII _Vemurafenib_BAnz.pdf) und 2014 bestätigt wurde (https://www.bundesanzeiger.de/ebanzwww/wexsservlet?session.sessionid=cbf41bbbf78a318d22b03 74d8 9db2955&page.navid=detailsearchlisttodetailsearchdetail&fts_search_list.selected=8f8587b2ae95293c&fts_search_list.destHistoryId=84346).

Natürlich sind auch diese Biomarker nicht mit einer hundertprozentigen Trefferquote versehen. Die korrekte Identifikation des HLA-B* 5701 ist nicht trivial und ebenso nicht automatisch fehlerfrei (vgl. Senatore, C. 2015, Sha, J. 2004). Auch wenige getestete Patienten können unter Abacavir noch eine schwere Nebenwirkung erleiden und es gibt durchaus Patienten mit dem Merkmal (ca. 38 %), die Abacavir klinisch gut vertragen (Mallal, S. 2008). Unter der Therapie mit Vemurafenib entwickeln sich extrem resistente Tumore, die nur mit weiteren neuen Onkologika behandelt werden können (Spagnolo, F. 2015; Sha, J. 2004). Zudem sind multiple Ansätze erforderlich, um Diagnostik für Resistenzentwicklung zu etablieren (z. B. Bildgebung und Labor), relativ rasch neue Wirkstoffe zu finden und wiederum individuell entscheiden zu können, zu welcher Untergruppe eines Stratums der Tumor gehört. Da potentielle Non-Responder (die nicht die für Vemurafenib entscheidende Mutation aufweisen) nicht in klinische Studien eingeschlossen werden, wissen wir nicht, ob nicht auch einige andere Patienten mit malignem Melanom von Vemurafenib profitieren können. Für viele neue Wirkstoffe besteht die Frage nach der Validierung und Zuverlässigkeit der Testmethoden im Raum, die teilweise parallel zu dem Arzneimittel als sogenanntes Companion-Diagnostics entwickelt werden (Sha, J. 2004).

Die Selektion der Patienten mit einem bestimmten Merkmal („Enrichement design") hat zur Folge, dass die Populationen in klinischen Studien mit stratifizierter Therapie meist kleiner werden, was wiederum die Aussagekraft der Studien herabsetzt (Sha, J. 2004). Diese Tendenz ist im Bereich einiger Tumortherapien bereits absehbar. So zeigt eine Analyse von 448 sogenannten pivotal efficacy trials der FDA für 188 neue Wirkstoffe in 206 Indikationen, dass Studien mit neuen Tumortherapeutika seltener randomisiert waren (47,3 % versus 95,2 %) und seltener doppelblind angelegt wurden (27,3 % versus 86,8 %) als in allen anderen

Indikationsgebieten. Ebenfalls zu denken geben sollte die Tatsache, dass klinische Endpunkte nur bei 16,4 % dieser Studien evaluiert wurden, die Mehrzahl der Medikamente nur in einer einzigen Studie geprüft wurde und die maximale Patientenzahl in der mit dem neuen Tumormedikament behandelten Gruppe bei 414 Patienten lag (Downing, N.S. 2014).

Von der stratifizierenden zur individualisierten Therapie – Ansätze

Wenn man bedenkt, dass vor etwa 25 Jahren die Bestimmung des menschlichen Genoms, insgesamt 13 Jahre gedauert hat und etwa 3 Milliarden USD gekostet hat, so sind heutige Zustände nahezu paradiesisch: eine GWAS kann innerhalb von wenigen Wochen zum Preis von wenigen 1.000 USD auf neueren Plattformen durchgeführt werden (Wetterstrand, K.A. 2015). Darüber hinaus werden nicht mehr die rein genetischen Aspekte betrachtet, sondern auch die Prozesse in der Transkription des Erbguts, der Umsetzung in Eiweiße (Proteomics) und deren Stoffwechselprodukte (Metabolomics) und berücksichtigt neben klinischen Merkmalen (z. B. Bildgebung, Laborwerte) relevante epidemiologische Faktoren von Lebensstil, Alter, Geschlecht bis hin zu sozialen Interaktionen (vgl. Kaddurah-Daouk, R. 2014, Gadebusch Bondio, M. 2010, Leopoldina 2014). Verständlicherweise steht man hier vor einer weitaus größeren Aufgabe, Materialien und Daten nicht nur zu sammeln, sondern auch entsprechend auszuwerten. Hierzu benötigt man vor allen Dingen eine entsprechende Informationstechnologieplattform, die sog. „Big Data" sicher speichern. Im universitären Bereich, oft auch in Kooperation mit industriellen Partnern, wurden diverse „Biobanken" auch in Deutschland mittlerweile etabliert (vgl. Gadebusch Bondio, M. 2010, Leopoldina 2014, S. 30, Krüger-Brand, H. 2012). Zwei wesentliche Aspekte sind hierbei zu berücksichtigen: zunächst das primäre Einverständnis des Patienten für die Sammlung und Speicherung aller dieser Daten, ggfs. auch zu kommerziellen Zwecken, sowie entsprechende Steuerungsgremien und Ethik-Komitees, die nicht nur die Speicherung der Daten überwachen sondern auch bei Fragestellungen, die nun anhand dieser Daten bearbeitet werden sollen, entscheiden müssen, ob dies im Sinne der Patienten ist. In zukunftsgerichteten Ansätzen wird vorgeschlagen, nicht nur seine DNA, sondern auch alle elektronischen Gesundheitsdaten in einer öffentlich zugänglichen Non-Profit-Spenderdatenbank zur Verfügung zu stellen. Somit könnte man sämtliche genetische Daten aber auch lebenslängliche Krankheitsereignisse kontinuierlich dokumentieren und analysieren (vgl. Lu, W.J., 2014). Solche Datenbanken sind wiederum eine Quelle zur Identifikation neuer Biomarker.

Personalisierte und stratifizierte Therapie – Arzneimittelentwicklung

Eine stratifizierte bzw. personalisierte Medizin ist, wie aus dem Vorhergesagten zu erkennen ist, besonders bei den Therapien lohnenswert, bei welchen die Wirksamkeit per se durch den Biomarker bestimmt wird, oder Wirksamkeit und Toxizität nahe beieinander liegen, oder die Toxizität stark ausgeprägt ist und Alternativen vorhanden sind. Es wurde bereits dargelegt, dass Studien mit stratifizierter Therapie (bisher überwiegend in der Onkologie) häufig kleinere Kollektive umfassen und weichere Endpunkte, als in anderen Indikationsgebieten. Dieser Umstand wird noch so lange kritisiert werden, wie es noch keinen wissenschaftlichen und regulatorischen Konsens zu neuen Studiendesigns gibt (vgl. Downing, N.S. 2014, Leopoldina 2014). Diese umfassen beispielsweise Zusammenlegung von Phase II- und III-Studien, adaptive Designs und multiple Kontrollgruppen oder auch – bisher eher verpönte – vorzeitige Beendigung bei unzureichender Response. Ebenso sind die Strategien bei Resistenzentwicklung in Studien zu integrieren, da es der klinischen Realität entspricht. Dabei darf jedoch die statistische und klinische Aussagekraft infrage gestellt werden (Leopoldina 2014).

Im Gegensatz zu den Blockbustern mit einem One-Size-fits-all-Ansatz, einer Wirksamkeit bei 20–80 % der Patienten und einem akzeptablem Nebenwirkungsspektrum, ist die stratifizierende Therapie als Niche-Buster zu bezeichnen, der nur eine kleine Population betrifft, dafür aber (hoffentlich) hochwirksam ist. Beim Blockbuster kann der Preis im Bereich moderat bis niedrig liegen, da durch ein großes Marktvolumen entsprechender Umsatz möglich ist, im Gegensatz dazu ist verständlicherweise bei einem kleinen Marktvolumen die Preisvorstellung deutlich höher (vgl. Greiner, W. 2011). Der gesamte Lebenszyklus im Bereich der pharmazeutischen Entwicklung muss in anderen Strukturen aufgestellt, kalkuliert und abgewickelt werden. Auch die Beziehung zu Patienten bzw. Patientengruppen müsste eine andere sein, Patienten müssten quasi fortlaufend in die Weiterentwicklung integriert werden, da bei ihnen eine Resistenzentwicklung messbar wird und wiederum als Ziel für eine neue Entwicklung identifiziert werden sollte. Selbst Herstellung und Marketing-Strategien müssen für stratifizierte Medizin umgedacht werden: Es werden deutlich geringere Mengen eines Wirkstoffs produziert, die Verfügbarkeit und Qualität muss jedoch dringend gewährleistet werden.

Aufgrund der recht hohen Preise für viele Produkte der stratifizierenden Medizin kommt der Nutzenbewertung dieser Substanzen eine besondere Rolle zu. Man muss jedoch im Hinblick auf den Absatzmarkt feststellen, dass hier teilweise attraktive Preise erzielt werden und darauf geachtet werden muss, dass keine falschen Anreize gesetzt werden und es beispielsweise zu keiner sogenannten Orphanisierung kommt (vgl. Windeler, J. 2010).

Stratifizierende Medizin und das Gesundheitswesen

Einige Länder haben personalisierte Medizin mittlerweile in ihr Gesundheitsprogramm aufgenommen, beispielsweise Kanada: Personalisierte und stratifizierende Medizin steht auf der Agenda der Canadian Instituts of Health Research (http://cihr-irsc.gc.ca/e/43627.html;). Im Januar 2015 wurde in den USA „The Precision Medicine Initiative" gestartet und dabei eben jene Vorstellung umgesetzt, bei der die Kombination biologischer Proben und elektronisch verfügbarer Gesundheitsinformation prospektiv in einer großen Kohorte dokumentiert werden soll (http://www.nih.gov/precisionmedicine/storify.htm). Dies bedeutet, dass personalisierte und stratifizierende Medizin, die Notwendigkeit von „Big Data", den Bürgern nahe gebracht werden muss und der einzelne Patient noch stärker in die Entscheidung über seine Gesundheit einbezogen werden muss (vgl. Leopoldina 2014, Nuffield Council on Bioethics 2010). Dies verlangt noch mehr Anstrengungen, die Patientenautonomie und Konsumentensouveränität zu stärken. Schlussendlich gehen individualisierte Medizin und die Nutzung neuer Medien Hand in Hand, was wiederum eine Aufgabe für das Gesundheitswesen sein muss, eine Verbesserung der Nutzerkompetenz (Health literacy) voranzutreiben.

Gerade im Bereich der individualisierten Medizin haben sich bereits einige Anbieter im Internet aufgestellt, die die Durchführung genetischer Analysen und die anschließende Information darüber in sehr heterogener Qualität anbieten. Insbesondere die Hilfestellung bei Therapieentscheidungen ist oftmals fragwürdig und direkte Angebote werden nicht nur von Humangenetikern abgelehnt (vgl. Bloss, C.S. 2011, Rutten, F.L.J. 2012). Eines der Modelle ist 23andMe (https://www.23andme.com/health/), ein Unternehmen, das für US-$ 99,- eine komplette Genomanalyse anbietet. Im Sinne einer Gesundheitsberatung wurde dies von der FDA als Medizinprodukt eingeschätzt und Ende 2013 untersagt, eine Genomanalyse ist jedoch nach wie vor möglich, jedoch ohne gesundheitsrelevante Aussagen dazu (Downing, N.S. 2014b). Auch auf deutschen Internetseiten findet man durchaus Empfehlungen zu genetischen Untersuchungen zur Hilfestellung bei personalisierter Medizin, die fehlende Einbettung in ein therapeutisches Setting wurde mehrfach kritisiert. So wird beispielsweise für Frauen, die Tamoxifen als Medikament nach einer Brustkrebsoperation erhalten, die Untersuchung auf ein defektes CYP2D6-Gen empfohlen (http://www.mamazone.de/nc/publikationen/medizinische-informationen/cyp2d6-typ0/?sword_list%5B0%5D=cyp2d6), wobei dies auch nach Ansicht internationaler Experten nicht unumstritten ist

(Province, M.S. 2013). Mit immer besser informierten Patientinnen und Patienten muss auch die Ärzteschaft mithalten können. Bei einer Umfrage unter knapp 388.000 Ärzten in den USA (Rücklaufquote 3 %) war fast 98 % der antwortenden Teilnehmern bekannt, dass genetische Einflüsse relevant für die Pharmakotherapie sein könnten, jedoch fühlten sich nur 10.3 % ausreichend darüber informiert. Knapp 30 % hatten in ihrem Studien oder ihrer Ausbildung etwas darüber erfahren (Stanek, E.J. 2012). Auch für Ärzte bedeutet dies zusätzliche Fort- und Weiterbildung auf diesem sehr komplexen Gebiet.

Die Herausforderungen der personalisierten oder stratifizierenden Medizin sind vielfältiger Natur. Wissenschaftler aus verschiedensten Disziplinen, der Systembiologie, Pharmakologie, Genetik aber auch Informatik, Ethik, Ökonomie und Ingenieure, müssen sich auf diesem Gebiet mit ihren unterschiedlichen wissenschaftlichen Ansätzen verständigen und kooperieren. Die Folgeabschätzung dieser Gesundheitstechnologie kann sich nicht auf Deutsche Patienten beschränken, sondern muss die globale Perspektive einnehmen. Eine nicht unwesentliche Rolle spielen regulatorische Behörden und deren Vorgaben, wie rasch, aber auch wie gut geprüft, neue Technologien eingeführt werden können. Alle Stakeholder im Gesundheitswesen, angefangen von den Patienten, aber auch Ärzte, Krankenhäuser, Industrie und Kostenträger sind aufgefordert, sich mit diesem Thema zu befassen. Gemeinsam müssen völlig andere Wege begangen werden, die nicht nur eine andere Verzahnung zwischen Patient und Forschung bedingen, sondern damit auch neue Finanzierungsmodelle erforderlich machen.

Literatur

Bloss, C.S., Darst, B.F., Topol, E. J., Schork, N.J. (2011): Direct-to-consumer personalized genomic testing, in Human Molecular Genetics, Jg. 20, Review Issue 2, S. 132–141.

Bundesärztekammer (BÄK), Kassenärztliche Bundesvereinigung (KBV), Arbeitsgemeinschaft der Wissenschaftlichen Medizinischen Fachgesellschaften (AWMF) (2014): Nationale Versorgungs-Leitlinie Chronische KHK – Langfassung, 3. Auflage. Version 1. Available from: www.khk.versorgungsleitlinien.de.

Bundesärztekammer (BÄK), Kassenärztliche Bundesvereinigung (KBV), Arbeitsgemeinschaft der Wissenschaftlichen Medizinischen Fachgesellschaften (AWMF) (2013): Nationale VersorgungsLeitlinie Therapie des Typ-2-Diabetes – Langfassung, 1. Auflage. Version 4. Zuletzt geändert: November 2014. Available from: www.dm-therapie.versorgungsleitlinien.de

Deutsche Hochdruckliga (2008): Leitlinien zur Behandlung der arteriellen Hypertonie. http://www.awmf.org/uploads/tx_szleitlinien/046-001_S2_Behandlung_der_arteriellen_Hypertonie_abgelaufen.pdf

Downing, N.S., Aminawung, J.A., Shah, N.D., Krumholz, H.M., Ross, J.S. (2014): Clinical trial evidence supporting FDA approval of novel therapeutic agents, 2005-2012. Journal of the American Medical Association, Jg. 311, Nr. 4, S. 368-377.

Downing, N.S., Ross, J.S. (2014) Innovation, risk, and patient empowerment: the FDA-mandated withdrawal of 23andMe's Personal Genome Service, in: Journal of the American Medical Association, Jg. 311, Nr. 8, S. 793-794.

Gadebusch Bondio, M., Michl, S. (2010): Individualisierte Medizin. Die neue Medizin und ihre Versprechen, in: Deutsches Ärzteblatt Jg. 107, Nr. 21, S. A1062-A1064.

Greiner, W., Knittel, M. (2011): Wirtschaftliche Potentiale individualisierter Medizin, in: PharmacoEconomics – German Research Articles, Jg. 9, Nr. 1, S. 45-54.

Hüsing, B., Hartig, J., Bührlen, B., Reiß, T., Gaisser, S. (2008): Individualisierte Medizin und Gesundheitssystem, in: Arbeitsbericht Nr. 116, TAB, Büro für Technikfolgen – Abschätzung beim Deutschen Bundestag. Berlin.

Kaddurah-Daouk, R., Weinshilboum, R.M., on behalf of the Pharmacometabolomics Research Network. (2014): Pharmacometabolomics: Implications for clinical pharmacology and systems pharmacology, in: Clinical Pharmacology and Therapeutics, Jg. 95, S. 154-167.

Krüger-Brand, H. (2012): Personalisierte Medizin. Informationstechnologie als Schlüsse, in: Deutsches Ärzteblatt Praxis, Nr. 3, S. 34-25.

Lu, W.J., Flockhart, D.A. (2014): Personal DNA donation to energize genomic medicine, in: Clinical Pharmacology and Therapeutics, Jg. 95, Nr. 2, S. 129-131.

Mallal, S., Phillips, B.S.E., Carosi, M.D.G., Molina, J.M., Workman, C., Tomažič, J., Jägel-Guedes, E., Rugina, S., Kozyrev, O., Cid, J.F., Hay, P., Nolan, D., Hughes, S., Hughes, A., Ryan, S., Fitch, N., Thorborn, D., Benbow, A. for the PREDICT-1 Study Team. (2008): HLA-B*5701 Screening for Hypersensitivity to Abacavir, in: New England Journal of Medicine, Nr. 358, S. 568-579.

Nationale Akademie der Wissenschaften Leopoldina, acatech – Deutsche Akademie der Technikwissenschaften, Union der deutschen Akademien der Wissenschaften (Hrsg.) (2014): Individualisierte Medizin – Voraussetzungen und Konsequenzen. Halle (Saale).

Nuffield Council on Bioethics (2010): Medical profiling and online medicine: the ethics of 'personalised healthcare' in a consumer age. London, S. 1-252.

Province, M.A., Goetz, M.P., Brauch, H., Flockhart, D.A., Hebert, J.M., Whaley, R., Suman, V.J., Schroth, W., Winter, S. , Zembutsu, H., Mushiroda, T.,

Newman, W.G., Lee, M.T.M., Ambrosone, C.B., Beckmann, M.W., Choi, J.Y., Dieudonné, A.S., Fasching, P.A., Ferraldeschi, R., Gong, L., Haschke-Becher, E., Howell, A., Jordan, L.B., Hamann, U., Kiyotani, K., Krippl, P., Lambrechts, D., Latif, A., Langsenlehner, U., Lorizio, W., Neven, P., Nguyen, A.T., Park, B.W., Purdie, C.A., Quinlan, P., Renner, W., Schmidt, M., Schwab, S., Shin, J.G., Stingl, J.C., Wegman, P., Wingren, S., Wu, A.H.B., Ziv, E., Zirpoli, G., Thompson, A.M., Jordan, V.C., Nakamura, Y., Altman, R.B., Ames, M.M., Weinshilboum, R.M., Eichelbaum, M., Ingle, J.N., Klein, T.N. on behalf of the International Tamoxifen Pharmacogenomics Consortium. (2013): *CYP2D6 Genotype and Adjuvant Tamoxifen: Meta-Analysis of Heterogeneous Study Populations*, in: Clinical Pharmacoloty and Therapeutics, Jg. 95, Nr. 2, S. 216-227.

Roche Pharma AG (2014). In: Fachinformation Zelboraf® 240 mg Tabletten. Grenzach-Wyhlen, S. 1-9.

Rutten, F.L.J., Gollust, S.E., Naveed, S., Moser, R.P. (2012): Increasing Public Awareness of Direct-to-Consumer Genetic Tests: Health Care Access, Internet Use, and Population Density Correlates in: Journal of Cancer Epidemiology, Jg. 2012, Article ID 309109, 7 pages. doi:10.1155/2012/309109

Schleidgen, S., Klingler, C., Bertram, T., Rogowski, W.H., Marckmann, G. (2013): What is personalized medicine: sharpening a vague term based on a systematic literature review, in: BMC Medical Ethics, Jg. 14, S. 55.

Senatore, C., Charlier, B., Truono, A., Punzi, R., D'Aniello, F., Boffa, N., Izzo, V., Conti, V., Russomanno, G., Manzo, V., Filippelli, A., Mazzeo, M. (2015): A prospective screening of HLA-B*57.01 allelic variant for preventing the hypersensitivity reaction to Abacavir: Experience from the laboratory of molecular biology of the infectious diseases division at the university hospital of Salerno, in: Translational Medicine, Jg. 11, Nr. 10, S. 55-58.

Shah, J. (2004): Criteria influencing the clinical uptake of pharmacogenomic strategies, in: British Medical Journal, Vol. 328, S. 1482-1486.

Spagnolo, F., Ghiorzo, P., Orgiano, L., Pastorino, L., Picasso, V., Tornari, E., Ottaviano, V., Queirolo P. (2015): BRAF-mutant melanoma: treatment approaches, resistance mechanisms, and diagnostic strategies, in: OncoTargets and therapy, Jg. 16; Nr. 8, S. 157-168.

Stanek, E.J., Sanders, C.L., Taber, K.A., Khalid, M., Patel, A., Verbrugge, R.R., Agatep, B.C., Aubert, R.E., Epstein, R.S., Frueh, F.W. (2012): Adoption of pharmacogenomic testing by US physicians: results of a nationwide survey. Clinical Pharmacology and Therapeutics, Jg. 91, Nr. 3, S. 450-458.

ViiV Healthcare GmbH (2014). In: Fachinformation Ziagen 300 mg Filmtabletten. München, S. 1-10.

Wetterstrand, K.A. (2015): DNA Sequencing Costs: Data from the NHGRI Genome Sequencing Program (GSP). Available at: www.genome.gov/sequencingcosts. Letzter Zugriff 15.2.2015.

Windeler, J., Koch, K., Lange, S., Ludwig, W.-D. (2010) Arzneimittelmarktneuordnungsgesetz: Zu guter Letzt ist alles selten, in: Deutsches Ärzteblatt Jg. 107, Nr. 42: A2032-A2034.

Julia Sophia Habbe und Eberhard Wille

Verlagerungen der Produktion von Arzneimitteln in Schwellenländer: Ökonomische Ursachen und mögliche Haftungsrisiken

1. Drohende Arzneimittelknappheit und manipulierte Zulassungsstudien

Arzneimittelknappheit stellt in Entwicklungs- und Schwellenländern keine Besonderheit dar und auch in Deutschland gab es auch schon in der Vergangenheit zuweilen Lieferengpässe bei Medikamenten. In den letzten Jahren nahmen diese Lieferengpässe aber nichts nur an Häufigkeit zu, sondern betrafen vielfach Arzneimittel, die zur Behandlung schwerer Erkrankungen dienen. Dabei handelte es sich in einem beträchtlichen Maße um chemotherapeutische Medikamente und Antibiotika mit einem Schwergewicht auf mittels Injektionen verabreichter Generika (vgl. Sachverständigenrat zur Begutachtung der Entwicklung im Gesundheitswesen 2014, Ziffer 13). Angesichts dieser Häufung von Engpässen bei lebenswichtigen Arzneimitteln sah die Deutsche Krankenhausgesellschaft schon 2012 „bei einer weiteren Verschärfung der Situation die Versorgung von schwerstkranken Patienten mit den notwendigen Arzneimitteln nicht mehr sichergestellt" (Deutsche Krankenhausgesellschaft 2012, S. 3). Sofern sich an den Ursachen dieser Lieferengpässe nichts ändert, rechnet der Vorsitzende der Arzneimittelkommission der deutschen Ärzteschaft, Prof. Dr. Wolf Dieter Ludwig, „bald auch in Deutschland mit einer Verschlechterung der Patientenversorgung" (Osterloh, F. 2012).

Einen zentralen Grund für die zunehmenden Lieferengpässe bildet aus Sicht der Deutschen Krankenhausgesellschaft (vgl. 2012, S. 5) und auch der Apotheker (vgl. Ziegler, J. 2013) die Verlagerung der Produktion pharmazeutischer Produkte in Niedriglohnländer, wie z. B. China oder Indien. So findet z. B. die Produktion von Antibiotika inzwischen überwiegend in China oder Indien sowie auch in Brasilien und Mexiko statt (vgl. Sachverständigenrat zur Beurteilung der Entwicklung im Gesundheitswesen 2014, Ziffer 13). Diese Länder verfügen vielerorts nicht über die technische und personelle Infrastruktur, um auf komplexe Produktionsprobleme zeitnah mit Erfolg zu reagieren (ähnlich Deutsche Krankenhausgesellschaft 2012, S. 5).

Obgleich für die Verlagerung der Produktion von Arzneimitteln in Schwellenländer Kostengründe maßgeblich verantwortlich zeichnen, greift der Hinweis auf die Rabattverträge als zentraler Einflussfaktor der Lieferengpässe zu kurz (so jedoch Teile der Apothekerschaft, vgl. Ziegler, J.). Die Lieferengpässe bei bestimmten Arzneimitteln bilden keine deutsche Besonderheit, sondern treten in unterschiedlicher Intensität weltweit auf (vgl. Charnay-Sonnek, F. et al. 2013). So erreichten die Lieferengpässe bei Arzneimitteln in Europa und die mit ihnen verbundenen negativen Effekte auf die Gesundheitsversorgung bisher noch nicht ein Ausmaß und eine Intensität wie in den Vereinigten Staaten (siehe hierzu u. a. Gupta, D.K. und Huang, S.M. 2013; Kweder, S.L. und Dill, S. 2013; Woodcock, J. und Wosinska, M. 2013).

Neben den Lieferengpässen bei lebenswichtigen Arzneimitteln, die auf Produktionsmängel in Schwellenländern zurückgehen, sorgte Ende 2014 eine Meldung über manipulierte Bioäquivalenzstudien durch ein indisches Unternehmen für Auftragsforschung aus Hyderbad für Aufsehen (vgl. Grunert, D. und Zylka-Menhorn, V. 2014). Die französische Behörde für Arzneimittelsicherheit (ANSM) äußerte im Rahmen einer Inspektion der im Zeitraum von 2008 bis 2014 durchgeführten Bioäquivalenzstudien „ernsthafte Bedenken". Diese Studien[1] bilden eine notwendige Voraussetzung für die Zulassung von Generika. Die Behörde stellte dabei schwere Mängel bei der Studiendurchführung und der Datenvalidität fest. Das Bundesinstitut für Arzneimittel und Medizinprodukte (BfArM) ordnete daraufhin ein Ruhen von 176 Medikamentenzulassungen an und die Europäische Zulassungsbehörde für Arzneimittel, die European Medicines Agency (EMA), überprüfte ca. 1250 Medikamente (vgl. Grunert, D. und Zylka-Menhorn, V. 2014).

Ausgelöst durch die Ergebnisse dieser Inspektion empfahl der Ausschuss für Humanarzneimittel der EMA (CHMP) am 23.01.2015 das Ruhen von 700 Arzneimittelzulassungen, die auf den mangelhaften Bioäquivalenzstudien dieses indischen Unternehmens, d.h. der GVK Biosciences, basierten (vgl. Korzilius 2015). Das CHMP überprüfte hinsichtlich Darreichungsformen und Wirkstärken mehr als 1000 betroffene Medikamente, wobei für 300 Präparate ausreichende Daten aus anderen Studien vorlagen, so dass die europaweite Zulassung für diese Arzneimittel nach Einschätzung der EMA erhalten bleiben kann. Der Präsident des BfArM, Prof. Dr. Karl Broich, begrüßte diese Empfehlung der CHMP und

---

[1] Diese Studien überprüfen die Bioverfügbarkeit eines Nachahmerproduktes gegenüber dem Originalpräparat. Die Bioverfügbarkeit gibt als pharmakologische Messgröße den Anteil eines Wirkstoffes an, der unverändert im systemischen Kreislauf, speziell im Blutkreislauf, zur Verfügung steht. Sie zeigt damit an, wie schnell und in welchem Umfang ein Arzneimittel resorbiert wird.

sah die entsprechende Haltung seiner Institution „im Sinne des vorbeugenden Patientenschutzes bestätigt" (Korzilius 2015).

Zwischen der durch Lieferengpässe verursachten Arzneimittelknappheit auf der einen und den manipulierten Bioäquivalenzstudien auf der anderen Seite bestehen trotz offensichtlicher Unterschiede einige bemerkenswerte Gemeinsamkeiten:

- Die hierfür ursächlichen Verlagerungen der Aktivitäten pharmazeutischer Unternehmen in Schwellenländern wie China und Indien beruhen vorwiegend auf Kostengründen.
- Die Lieferengpässe betreffen weitgehend, die manipulierten Bioäquivalenzstudien sogar ausschließlich Generika.
- Die pharmazeutischen Unternehmen besitzen im Prinzip weder an Lieferengpässen noch an manipulierten Bioäquivalenzstudien ein erkennbares ökonomisches Interesse.
- Die Folgen der Lieferengpässe scheinen momentan in Deutschland – im Gegensatz zu den Vereinigten Staaten – für die betreffenden Patienten noch kein äußerst bedrohliches Ausmaß anzunehmen. Bei den von den manipulierten Bioäquivalenzstudien betroffenen Arzneimitteln weist die EMA sogar ausdrücklich darauf hin, dass es hier bisher keine Hinweise auf Gesundheitsgefahren gibt (vgl. Korzilius 2015).
- Unbeschadet der in Deutschland bisher erkennbaren gesundheitlichen Wirkungen von Arzneimittelknappheit durch Lieferengpässe und manipulierten Bioäquivalenzstudien bilden beide Phänomene für die betreffenden Patienten ein Gefährdungspotential, das es künftig systematisch zu beobachten und nach Möglichkeiten einzugrenzen gilt.

Vor dem Hintergrund dieser Verlagerungen von Produktion und Zulassungsstudien pharmazeutischer Präparate in Schwellenländer gehen die folgenden Ausführungen am Beispiel der durch Lieferengpässe verursachten Arzneimittelknappheit[2] folgenden Fragestellungen nach:

1. Welche ökonomischen Einflussfaktoren zeichnen für diese Lieferengpässe verantwortlich?

---

2 Im Vergleich zu den manipulierten Bioäquivalenzstudien besitzt die durch Lieferengpässe drohende Arzneimittelknappheit für eine effiziente und effektive Gesundheitsversorgung der Patienten derzeit eine größere Bedeutung. Zudem existieren hierzu bereits mehrere Beiträge bzw. Analysen (siehe u. a. Charnay-Sonnek, F. et al. 2013; Woodcock, J. und Wosinska, M. 2013; Ludwig, W.-D. 2014).

2. Besteht eine mögliche Haftung pharmazeutischer Unternehmen gegenüber den betroffenen Patienten oder anderen potentiell Geschädigten?
3. Gibt es geeignete Maßnahmen, um künftigen Lieferengpässen vorzubeugen oder zumindest ihren Konsequenzen für die Gesundheitsversorgung wirksam zu begegnen?

2. Ökonomische Ursachen von Lieferengpässen und Arzneimittelknappheit

Wie bereits angedeutet, beschränken sich die Lieferengpässe nicht auf Deutschland oder bestimmte andere Länder, sondern betreffen weltweit nahezu alle Arzneimittelmärkte. Dies bedeutet, dass Eigenheiten einzelner nationaler Arzneimittelmärkte; wie z. B. die Rabattverträge und die Einführung einer frühen Nutzenbewertung von Medikamenten mit neuen Wirkstoffen in Deutschland oder die zentralen staatlichen Preisverhandlungen in Frankreich sowie die Nutzenbewertung mit Hilfe qualitätsbereinigter Lebensjahre in England, die Lieferengpässe und die mit ihnen einhergehende Arzneimittelknappheit trotz des gemeinsamen allgemeinen Bemühens um Kostensenkungen nicht hinreichend zu erklären vermögen. Die weltweiten Lieferengpässe wurzeln zwar schwergewichtig in speziellen Problemen auf der Produktions- und Angebotsebene, Veränderungen auf der Nachfrageseite und in den Marktbedingungen durch staatliche Regulierungen treten aber als zusätzliche und damit die Arzneimittelknappheit verstärkende Einflussfaktoren hinzu.

Auf die Kostendämpfungsmaßnahmen wegen steigender Arzneimittelausgaben in vielen Ländern reagierten die pharmazeutischen Unternehmen und hier insbesondere die Hersteller von Generika mit einer Verlagerung ihrer Produktion zum einen in Länder mit niedrigen Löhnen und zum anderen auf nur wenige Standorte. Eine geringere Anzahl an Produktionsstätten kann selbst bei gleicher oder zunehmender Gesamtproduktionskapazität mit einem höheren Versorgungsrisiko einhergehen (vgl. Sachverständigenrat für die Begutachtung der Entwicklung im Gesundheitswesen 2014, Ziffer 13). Diese Konzentrationsprozesse betrafen nicht nur Schwellenländer wie China und Indien, wo überwiegend die Produktion von Antibiotika stattfindet, sondern auch europäische Länder und die USA, wo die Herstellung von generischen chemotherapeutischen Arzneimitteln erfolgt. Die Wahrscheinlichkeit von Lieferengpässen erhöht sich noch, wenn infolge sinkender Gewinnmargen notwendige Investitionen in veraltete Produktionsstätten unterbleiben. Zudem können auch Engpässe bei den zur Produktion notwendigen Rohstoffen Ausfälle oder Verzögerungen bei der Herstellung von Arzneimitteln verursachen.

Neben einer teilweisen Verlagerung und Konzentration ihrer Produktion strafften die pharmazeutischen Unternehmen ihr Sortiment, so dass bei zahlreichen Arzneimitteln nur noch wenige Hersteller diese Produkte anbieten, was das Spektrum alternativer Medikamente reduziert. Sofern an einer Produktionsstätte aus unterschiedlichsten Gründen Engpässe auftreten, liegt es im ökonomischen Interesse der Hersteller, Originalpräparate gegenüber generischen Arzneimitteln zu priorisieren. Die Unternehmensstrategie der Hersteller könnte auch darauf hinauslaufen, das Angebot von niedrigpreisigen Generika gezielt zu verringern, um auf diese Weise einen größeren Spielraum für den Absatz von therapeutisch alternativen teureren patentgeschützten Originalpräparaten zu gewinnen. Dies setzt allerdings voraus, dass in dieser Zeit nicht andere Hersteller vergleichbare Generika in der benötigten Menge zu liefern vermögen.

Den durch Lieferengpässe verknappten Arzneimitteln stand eine steigende Nachfrage nach onkologischen Präparaten und Antibiotika gegenüber, da in den letzten Jahren auch Schwellenländer, wie China und Indien, diese Medikamente zunehmend in einem relevanten Umfang nachfragten. Möglicherweise unterschätzten die pharmazeutischen Unternehmen auch aus diesem Grunde die Nachfrage nach ihren Produkten bzw. diesen Arzneimitteln. Schließlich können auch – im Sinne der Arzneimittelsicherheit notwendige bzw. sinnvolle – staatliche Regulierungen die Arzneimittelknappheit tendenziell verschärfen. Dies betrifft z. B. strengere Sicherheitsvorschriften durch die Zulassungsbehörden oder häufigere und intensivere Kontrollen, sofern diese zuvor intransparente Qualitätsmängel aufdecken und damit die Auslieferung der betreffenden Medikamente verhindern oder verzögern. Chargen intravenös zu verabreichender Arzneimittel können z. B. bereits bei geringfügigen Qualitätsproblemen keine Freigabe erhalten.

3. Zur Kausalität eines Schadenseintritts bei Patienten

Sofern ein lebensnotwendiges Arzneimittel über einen längeren Zeitraum nicht zur Verfügung steht, kann diese Knappheit die Lebenserwartung der betroffenen Patienten verkürzen. Existiert bei temporären Lieferengpässen kein Ersatzpräparat, sieht sich der behandelnde Arzt gezwungen, die vorgesehene Behandlung zu verschieben, was im Falle einer Chemotherapie zumindest zu einer zeitweisen Beeinträchtigung der Lebensqualität bzw. einem Wohlfahrtsverlust bei den betroffenen Patienten führen dürfte. Die Frage, ob pharmazeutische Unternehmen von betroffenen Patienten in Anspruch genommen werden können, wenn notwendige Medikamente nicht oder nur in zu geringen Mengen verfügbar sind, stellt sich aber nur unter der Voraussetzung, dass durch eine solche Verknappung ein kausaler Schaden bei Patienten entstehen kann.

Dabei ist ein kausaler Schaden – zumindest theoretisch – nicht nur als körperliche bzw. gesundheitliche Beeinträchtigung des Patienten, also als Nichtvermögensschaden, sondern auch, zumindest bei selbständig erwerbstätigen Patienten, als Vermögensschaden denkbar.

Die Möglichkeit, dass bei einem Patienten ein kausaler Schaden eintritt, setzt voraus, (i) dass durch die Verknappung eines Arzneimittels die Behandlung des Patienten verzögert wird und (ii) dass die verzögerte Behandlung das Risiko eines gesundheitlichen Schadens des Patienten und dadurch bedingt die Dauer seiner eingeschränkten Erwerbstätigkeit erhöhen kann. Die Arzneimittelknappheit kann die Behandlung des Patienten nur dann verzögern, wenn alternative Möglichkeiten, das jeweilige Krankheitsbild mit einer vergleichbaren Erfolgswahrscheinlichkeit zu behandeln, nicht zur Verfügung stehen. Ob dies der Fall ist, hängt wiederum davon ab, bei welchem konkreten Arzneimittel der Engpass auftritt. Tatsächlich wurden, wie oben ausgeführt, Verknappungen in deutschen Krankenhäusern insbesondere bei Krebsmedikamenten und bei Antibiotika bekannt.

Sollte ein Krebsmedikament nicht oder nur in zu geringen Mengen verfügbar sein, gibt es für den Patienten, der mit diesem Medikament behandelt werden soll, mit überwiegender Wahrscheinlichkeit keine gleichwertige alternative Therapieoption. Allerdings erscheint fraglich, ob eine verzögerte Behandlung des Patienten mit dem erhöhten Risiko einer gesundheitlichen Schädigung einherginge. Tatsächlich ist für den betroffenen Patienten die Behandlung mit einem Krebsmedikament mit einer Einbuße an Lebensqualität verbunden, die bei aufgrund der Verknappung späterem Therapiebeginn hinausgezögert würde. Eine spätere oder unterbliebene Heilung bzw. geringe Heilungschancen oder gar eine Verschlechterung des Gesundheitszustandes aufgrund eines verzögerten Behandlungsbeginns dürfte hingegen in der Praxis nur in extremen Einzelfällen nachweisbar sein.

Kommt es zur Knappheit von Antibiotika stellt sich die Frage, ob es tatsächlich keine alternative Möglichkeit gibt, den jeweiligen Patienten mit einer gleichwertigen Therapie zu behandeln. Grundsätzlich stehen gegen einen Erreger oder Keim stets verschiedene Therapiemöglichkeiten zur Verfügung. Allerdings erscheint es auch nicht von vornherein ausgeschlossen, dass es zur Behandlung einer Krankheit nur das eine – nicht oder nur verzögert lieferbare – Medikament gibt.

4. Mögliche Haftungsgrundlagen

4.1 Spezialgesetzliche Haftung

Eine mögliche Haftung von pharmazeutischen Unternehmen gegenüber Patienten lässt sich zunächst nicht aus arzneimittel- oder sozialrechtlichen Vorschriften ableiten. § 70 Abs. 1 Sozialgesetzbuch (SGB) V sieht zwar vor, dass die Krankenkassen und Leistungserbringer „eine bedarfsgerechte und gleichmäßige, dem allgemein anerkannten Standard der medizinischen Erkenntnisse entsprechende Versorgung der Versicherten zu gewährleisten" haben. Danach muss die Versorgung „ausreichend" sein und in der „fachlich gebotenen Qualität" erbracht werden. Allerdings richtet sich § 70 Abs. 1 SGB V ausschließlich an Krankenkassen und Leistungserbringer. § 70 Abs. 1 SGB V stellt hingegen keine Anspruchsnorm von Patienten gegenüber pharmazeutischen Unternehmen dar. Überdies erscheint es eher fernliegend, dass der Begriff „ausreichende Versorgung" als Ausdehnung der verfügbaren Arzneimittel über den tatsächlichen Bestand hinaus verstanden werden kann (Vgl. hierzu Wendtland, C. 2014, § 70 Rn.10.)

Auch die so genannte Ermächtigung für Krisenzeiten nach § 79 Abs. 5 Arzneimittelgesetz (AMG) stellt keine Anspruchsgrundlage für Patienten gegenüber pharmazeutischen Unternehmen dar. Nach § 79 Abs. 5 AMG können die zuständigen Behörden im Falle eines Versorgungsmangels der Bevölkerung mit Arzneimitteln im Einzelfall gestatten, dass Arzneimittel, die nicht zum Verkehr im Geltungsbereich dieses Gesetzes zugelassen oder registriert sind, befristet in Verkehr gebracht werden dürfen. Erfasst werden damit ausschließlich Arzneimittel, die bereits tatsächlich in Verkehr gebracht sind (Vgl. hierzu Nickel, L. 2012, § 79 Rn. 22). Dies ist im Fall der Verknappung jedoch gerade nicht der Fall, da die entsprechenden Arzneimittel nicht oder nur in zu geringen Mengen verfügbar sind.

4.2 Haftung aus Vertrag

Eine mögliche Haftung von pharmazeutischen Unternehmen gegenüber Patienten lässt sich ebenfalls nicht ohne weiteres aus einem Vertragsverhältnis ableiten. Regelmäßig besteht zwischen dem pharmazeutischen Unternehmen und dem Patienten als Endkunden kein Vertrag, der als Grundlage einer möglichen Haftung in Betracht käme. Vielmehr ist im Rahmen der stationären Versorgung von einem Vertragsschluss zwischen dem pharmazeutischen Unternehmen und dem Krankenhaus bzw. im Rahmen der ambulanten Versorgung von einem Vertragsschluss zwischen dem pharmazeutischen Unternehmen und dem Großhändler auszugehen.

Diese Verträge können auch nicht als Vertrag zugunsten Dritter im Sinne des § 328 BGB verstanden werden. Denn der Patient hat keinen eigenen Leistungsanspruch im Sinne des § 241 Abs. 1 S. 1 BGB gegenüber dem pharmazeutischen Unternehmen. Aber auch eine Einordung der bestehenden Verträge als Vertrag mit Schutzwirkung zugunsten Dritter erscheint im Ergebnis wenig überzeugend. Das Institut des Vertrages mit Schutzwirkung zugunsten Dritter sieht vor, dass der Anspruch auf die geschuldete Leistung alleine dem Gläubiger zusteht, der Dritte – hier der Patient – jedoch in der Weise in die vertraglichen Sorgfalts- und Obhutspflichten als Nebenpflichten einbezogen ist, dass er bei deren Verletzung eigenständig einen vertraglichen Schadensersatzanspruch geltend machen kann. Rechtsgrundlage ist nach der Rechtsprechung eine ergänzende Vertragsauslegung nach §§ 133, 157, 328 Abs. 2 BGB. Die Literatur nimmt dagegen überwiegend an, es handele sich um eine auf § 242 BGB beruhende richterliche Fortbildung des dispositiven Rechts. Im praktischen Ergebnis stimmen beide Ansichten weitgehend überein (Vgl. zur Darstellung des Meinungsstands: Gottwald, P. 2012, § 328 Rn. 165 ff.).

Eine Einordnung der bestehenden Verträge als Vertrag mit Schutzwirkung zugunsten Dritter kommt bereits deshalb nicht in Betracht, weil bei Verknappung von Arzneimitteln regelmäßig keine Nebenpflicht, sondern eine Hauptleistungspflicht des jeweiligen Vertrages verletzt sein dürfte. Überdies dürften aber auch die weiteren Voraussetzungen nicht vorliegen. Dies gilt zunächst für die erforderliche Leistungsnähe des Dritten. Der Dritte, also der Patient, muss bestimmungsgemäß mit der Leistung in Berührung kommen und den Gefahren von Schutzpflichtverletzungen dadurch ebenso ausgesetzt sein wie der Gläubiger selbst. Es muss sich daher um ein Leistungsverhalten handeln, das inhaltlich (auch) drittbezogen ist (Vgl. zum Drittbezug: Gottwald, P. 2012, § 328 Rn. 175 ff.). Eine solche Drittbezogenheit erscheint vorliegend fraglich, denn als Leistung geschuldet ist die Übereignung des Arzneimittels und mit dieser Übereignung kommt der Patient regelmäßig nicht in Berührung. Die Übereignung an sich entfaltet auch keine drittbezogene Wirkung.

Gleichwohl könnte Drittschutz bestehen, wenn der Gläubiger an der Einbeziehung des Dritten in den Schutzbereich des Vertrages ein besonderes Interesse hat und der Vertrag dahin ausgelegt werden kann, dass der Vertragsschutz in Anerkennung dieses Einbeziehungsinteresses auf den Dritten ausgedehnt werden soll (BGH NJW 2001, 3115, 3116). Eine Schutzpflicht zugunsten des Dritten besteht daher beispielsweise bei der vertraglichen Obhutspflicht über fremde Sachen. Dagegen hat der Kaufvertrag zwischen Hersteller bzw. Produzenten und Händler keine Schutzwirkung zugunsten von Endverbrauchern (Gottwald, P. 2012, § 328

Rn. 226; BGHZ 51, 91, 96). Weiter haftet der Schuldner auf der Grundlage des Vertrages mit Schutzwirkung zugunsten Dritter nur, wenn die Leistung- und die Gläubigernähe des Dritten, hier des Patienten, für ihn erkennbar sind. Dies bedeutet, dass es sich um einen überschaubaren Personenkreis handeln muss, damit der Schuldner das Risiko eines Schadenseintritts abschätzen und versichern kann (Vgl. hierzu: Stadler, A. 2014, § 328 Rn. 25). Auch diese Voraussetzung ist in dem Szenario einer Schädigung von (theoretisch unkalkulierbar vielen) Patienten aufgrund von Arzneimittelknappheit nicht gegeben.

Im Ergebnis erscheint allerdings nicht ausgeschlossen, dass dem pharmazeutischen Unternehmen Rückgriffansprüche drohen, wenn Krankenhaus oder Apotheke aufgrund der Nichterfüllung ihrer jeweiligen Leistungspflicht aus dem Vertrag mit einem (privatversicherten) Patienten in Anspruch genommen werden. Denn privatversicherte Patienten schließen einen Vertrag mit dem Krankenhaus bzw. mit der Apotheke, um stationär bzw. ambulant das verordnete – aufgrund des Lieferengpasses nicht verfügbare – Arzneimittel zu erhalten. Eine Pflichtverletzung in Form der Unmöglichkeit oder der Schlechtleistung der Leistungserbringung durch das Krankenhaus bzw. die Apotheke gegenüber dem Patienten mag in Abhängigkeit vom jeweiligen Einzelfall zu bejahen sein. Regelmäßig dürfte eine Haftung von Krankenhaus bzw. Apotheke gegenüber dem Patienten aber am Erfordernis des Verschuldens scheitern. Die zur Sicherstellung einer ordnungsgemäßen Versorgung der Patienten notwendigen Arzneimittel und apothekenpflichtigen Medizinprodukte müssen von Krankenhaus und Apotheke nach § 15 bzw. § 30 Apothekenbetriebsordnung (ApoBetrO) in ausreichender Menge vorrätig gehalten werden, die mindestens dem durchschnittlichen Bedarf für eine bzw. bei Krankenhausapotheken zwei Wochen entsprechen muss. Im Falle des Lieferengpasses eines Arzneimittels wird jedoch tatsächlich keine Möglichkeit für Krankenhaus bzw. Apotheke bestanden haben, das jeweilige Arzneimittel zu beschaffen und vorrätig zu halten.

4.3 Haftung aus Delikt

1. Aus § 823 I BGB

Eine mögliche Haftung von pharmazeutischen Unternehmen gegenüber Patienten ließe sich danach ggf. auf deliktsrechtliche Vorschriften stützen. Mangels aktiven Tuns des pharmazeutischen Unternehmens setzte ein Deliktsanspruch des Patienten die Verletzung einer Handlungspflicht bzw. Verkehrssicherungspflicht voraus. Eine solche Handlungspflicht könnte sich aus § 52b Abs. 1 und 2 AMG ergeben. Danach müssen pharmazeutische Unternehmer im Rahmen ihrer Verantwortlichkeit eine bedarfsgerechte und kontinuierliche Beliefferung vollversorgender Arzneimittelgroßhandlungen gewährleisten. Im Ergebnis müssen pharmazeutische Unternehmer durch eine angemessene Bereitstellung des jeweiligen Arzneimittels sicherstellen, dass der Bedarf von Patienten im Geltungsbereich des AMG gedeckt ist. § 52b Abs. 1 AMG stellt eine Ergänzung des davor gem. § 1 Abs. 1 Apothekengesetz (ApoG) nur für Apotheken bestehenden entsprechenden Versorgungsauftrags dar und ist eine nahezu wortgetreue Umsetzung von Art. 81 Abs. 2 der Richtlinie 2001/83/EG zur Schaffung eines Gemeinschaftskodexes für Humanarzneimittel.

Aus dem eher abstrakten Gesetzeswortlaut – pharmazeutische Unternehmen „müssen" die Belieferung der Großhändler „gewährleisten"- lässt sich nicht unmittelbar ableiten, ob die Vorschrift als Anspruchsgrundlage für Patienten formuliert sein soll. Zwar wird vertreten, dass für pharmazeutische Unternehmen eine rechtliche Verpflichtung zur Belieferung des vollversorgenden Großhandels mit Arzneimitteln in bedarfsdeckendem Umfang bestehe und es Aufgabe der Arzneimittelüberwachungsbehörden bei der Kontrolle der Einhaltung der arzneimittelrechtlichen Vorschriften gem. § 64 Abs. 3 AMG sei, die Erfüllung der Belieferungspflicht zu überprüfen und ggf. mittels Verwaltungszwangs durchzusetzen (Sattler, S. 2010, S. 1 ff.).

Dagegen lässt sich jedoch einwenden, dass eine solche Durchsetzung dann scheitern wird, wenn das betreffende Arzneimittel aufgrund eines Engpasses auf dem deutschen Markt nicht verfügbar und eine Belieferung für das pharmazeutische Unternehmen damit faktisch unmöglich ist. Die Anforderung, dass das Arzneimittel in Deutschland tatsächlich in Verkehr gebracht worden sein muss, beschränkt den Versorgungsauftrag damit auf eine tatsächlich mögliche Leistungspflicht. Nur im Rahmen der physisch existenten Arzneimittel, die vertrieben werden können, besteht der Sicherstellungsauftrag der pharmazeutischen Unternehmen. Hingegen besteht keine Verpflichtung zu einer gesteigerter Produktion oder dem Import von tatsächlich nicht verfügbaren Arzneimitteln. Auch sind pharmazeutische Unternehmen nicht verpflichtet, Arzneimittel für den Fall eines möglichen zukünftigen Lieferengpasses vorzuhalten (siehe Kügel, J.W. 2012, § 52b Rn.6). Außerdem besteht keine Verpflichtung von pharmazeutischen Unternehmen, ein bestimmtes Arzneimittel überhaupt herzustellen und in den Verkehr zu bringen; jede Belieferung steht unter der Einschränkung, dass sie „im Rahmen ihrer Verantwortlichkeit" der pharmazeutischen Unternehmen zu erfolgen hat. Etwaige Ausnahmesituationen müssen nicht prognostiziert und der Bedarf nicht entsprechend angepasst werden (Kügel, J.W. 2012, § 52b Rn.9; BMG, Schreiben an den BAH vom 1.9. 2009; StN BPI, Ausschuss Drs. 16 (14) 0514 (21), S. 30). Es stellt für den pharmazeutischen Unternehmer keine Gefahr dar, rein tatsächlich nicht in der Lage zu sein, der Lieferpflicht nachzukommen zu können.

Schließlich stellt sich bei Versorgungsengpässen die Frage, inwieweit diese von dem pharmazeutischen Unternehmer, der von Patienten zur Verantwortung gezogen werden soll, zu vertreten ist. Soweit es mehr als einen pharmazeutischen Unternehmer gibt, der hätte tätig werden können, ist nicht ersichtlich, warum das Unterlassen – sofern es überhaupt nach der oben skizzierten Argumentation als pflichtwidrig einzustufen sein sollte – gerade einem bestimmten pharmazeutischen Unternehmer anzulasten bzw. zuzurechnen ist. Der pharmazeutische Unternehmer kann, soweit er von Vorprodukten oder Grundstoffen abhängig ist, die produzierte Menge ohnehin nur bedingt bzw. überhaupt nicht beeinflussen.

2. Aus § 823 II BGB i.V.m. § 52b AMG

Als Grundlage für einen möglichen Anspruch von pharmazeutischen Unternehmen gegenüber Patienten auf Erstattung von Vermögensschäden, z. B. den Verdienstausfall bei selbständig Erwerbstätigen, käme schließlich § 823 II BGB i. V. m. § 52b AMG in Betracht. Voraussetzung ist, dass § 52b AMG zumindest auch dazu bestimmt ist, dem Schutz von Individualinteressen zu dienen. In Rechtsprechung und juristischem Schrifttum ist die Schutzgesetzeigenschaft des § 52b AMG bislang nicht geklärt. Gegen eine Individualinteressen schützende Interpretation von § 52b AMG, könnte sprechen, dass § 52b AMG nicht als Strafvorschrift konzipiert und ein Normenverstoß nicht bußgeldbewährt ist. Weiter könnte angeführt werden, dass die Bejahung einer Schutzgesetzeigenschaft faktisch zu der Verpflichtung führen würde, ein bestimmtes Arzneimittel überhaupt herzustellen; eine solche Pflicht wiederum würde aber nicht zur Wortlauteinschränkung von § 52b AMG „im Rahmen ihrer Verantwortlichkeit" passen. Schließlich spricht unter dem Stichwort „keine unstatthafte Ausweitung des Deliktsrechts" das etablierte System der pharmazeutischen Industrie aus Hersteller, Großhändler und Apotheke gegen eine individualschützende Auslegung von § 52b AMG.

4.4 Haftung im Rahmen selektiver Verträge

Die Krankenkassen oder ihre Verbände können nach § 130a Abs. 8 SGB mit den pharmazeutischen Unternehmen Rabatte für die zu ihren Lasten abgegebenen Arzneimittel vereinbaren. Die Vereinbarungen können u. a. auch eine mengenabhängige Staffelung des Preisnachlasses, ein jährliches Umsatzvolumen mit einem Ausgleich von Mehrerlösen oder eine Erstattung in Abhängigkeit von messbaren Therapieerfolgen beinhalten. Dabei beliefen sich die Rabatteinnahmen der Krankenkassen von pharmazeutischen Unternehmen im Jahre 2013 auf ca. 3,0 Mrd. Euro (vgl. Schwabe, U. 2014, S. 42). Bei einer repräsentativen Umfrage des Sachverständigenrates zur Begutachtung der Entwicklung im Gesundheitswesen (2012, Ziffer 510) nach der Bedeutung verschiedener Instrumente zur Kostensenkung aus Sicht der Krankenkassen rangierten die Rabattverträge mit pharmazeutischen Unternehmen hinter der Prüfung von Krankenhausrechnungen an zweiter Stelle.

Im Unterschied zu den bisher untersuchten Haftungsgrundlagen besteht eine mögliche Haftung pharmazeutischer Unternehmen im Rahmen selektiver Verträge nicht gegenüber Patienten, sondern gegenüber der jeweiligen Krankenkasse als Vertragspartner. Diese Feststellung gilt unbeschadet der Tatsache, dass die negativen gesundheitlichen Effekte, die bei selektiven Verträgen aus Lieferengpässen resultieren, auch hier bei den Patienten in Form von Einbußen bei ihrer Lebenserwartung und/oder Lebensqualität anfallen. Die Krankenkassen besitzen im Rahmen dieser Verträge jedoch die Möglichkeit, bei einer zu einem fixierten Zeitpunkt unterbliebenen Lieferung Ausstiegsklauseln, Konventionalstrafen und darüber hinausgehende Schadensersatzansprüche zu vereinbaren. Sofern, wie in der Vergangenheit geschehen, ein bestimmtes pharmazeutisches Unternehmen erforderliche Impfstoffe nicht vertragsgemäß rechtzeitig zu liefern vermag, andere Hersteller, die nicht als Vertragspartner fungierten, diese Impfstoffe aber in einer hinreichenden Menge vorhalten und anbieten könnten, handelt es sich zwar um einen speziellen Lieferengpass, aber insgesamt gesehen nicht um eine Arzneimittelknappheit. Die Krankenkassen sehen inzwischen für Fälle einer nicht vertragsgemäßen rechtzeitigen Lieferung der gewünschten Arzneimittel in den selektiven Verträgen auch solche Optionen bzw. Forderungen gegenüber den pharmazeutischen Hersteller vor. Diese beschränken sich aber zwangsläufig auf Medikamente, die wie die meisten Generika selektive Verträge nach § 130a Abs. 8 SGB V ermöglichen. Bei patentgeschützten Originalpräparaten, die kollektiven Verträgen unterliegen, fehlt bei unterbliebenen Lieferungen für Konventionalstrafen oder Schadensersatzforderungen eine vertragliche und, wie oben unter 4.1 dargelegt, auch eine gesetzliche Grundlage.

5. Fazit: Erforderliche Präventionsmaßnahmen

Die bisherigen Ausführungen zeigten, dass sich die weltweiten Lieferengpässe und die durch sie verursachte Arzneimittelknappheit nicht monokausal auf eine dominante Ursache, wie z. B. eine bestimmte Strategie pharmazeutischer Unternehmen, zurückführen lassen. Die Gründe hierfür wurzeln vielmehr in einem komplexen ökonomischen Ursachen-Wirkungs-Geflecht, das zwar schwergewichtig Elemente der Angebots-, aber auch Einflussgrößen der Nachfrageseite und staatliche Regulierungen umfasst. Daneben greift auch keine der diskutierten Haftungsgrundlagen, um Ansprüche der Patienten gegenüber pharmazeutischen Unternehmen abzuleiten. Eine Ausnahme bilden die selektiven Verträge, die Vereinbarungen über Konventionalstrafen und Schadensersatzansprüche zwischen den pharmazeutischen Herstellern und den Krankenkassen vorsehen können, die aber im Wesentlichen nur bei Generika und nicht bei patentgeschützten Originalpräparaten, die im kollektiven Vertragssystem verbleiben, Anwendung finden können. Schließlich gilt es in diesem Kontext im Sinne des Patientenwohls noch zu beachten, das selbst durchsetzbare Konventionalstrafen und Schadensersatzansprüche bestenfalls eine präventive Wirkung entfalten können, nicht aber die momentanen Einbußen der Patienten an Lebenserwartung und -qualität zu verhindern vermögen. Um Lieferengpässen vorzubeugen oder zumindest ihre Effekte auf den Gesundheitszustand der Patienten wirksam einzuschränken, bedarf es gezielter präventiver Maßnahmen.

Das BfArM bietet seit Frühjahr 2013 auf Grundlage freiwilliger Informationen der pharmazeutischen Unternehmen bzw. Zulassungsinhaber eine Übersicht zu aktuellen Lieferengpässen für Humanarzneimittel in Deutschland. Die entsprechende Tabelle (Stand: 27.02.2015) umfasst sowohl Arzneimittel in der Zuständigkeit des BfArM als auch des Paul-Ehrlich-Instituts (PEI). Die entsprechenden Informationen stammen direkt vom Zulassungsinhaber des Arzneimittels, d. h. das BfArM besitzt keine weitergehenden Informationen zum Lieferstatus der gelisteten Arzneimittel und vermag die Richtigkeit der eingestellten Informationen nicht zu überprüfen (vgl. BfArM 2015). Als Lieferengpass gilt „eine über voraussichtlich 2 Wochen hinausgehende Unterbrechung einer Auslieferung im üblichen Umfang oder eine deutlich vermehrte Nachfrage, der nicht angemessen nachgekommen werden kann" (ebenda). Die Liste beschränkt sich auf verschreibungspflichtige Arzneimittel, die überwiegend der Behandlung lebensbedrohlicher oder schwerwiegender Erkrankungen dienen, wie z. B. Onkologika, Antibiotika, Notfallarzneimittel und Medikamente im Zusammenhang mit Operationen. Das BfArM bittet die pharmazeutischen Unternehmen, einen vorhersehbaren Lieferengpass spätestens 6 Monate im Voraus, unvorhergesehene Engpässen unverzüglich mitzuteilen.

Diese in ihrem Zustandekommen unverbindliche Liste bedarf, um künftig bestehenden und drohenden Lieferengpässen bei lebenswichtigen Arzneimitteln effektiver begegnen zu können, u. a. folgender zusätzlicher Regelungen (siehe Sachverständigenrat zur Begutachtung der Entwicklung im Gesundheitswesen 2014, Ziffer 13):

- eine Erweiterung dieser Liste zu einem verpflichtenden Melderegister, das unter Mitwirkung der Fachgesellschaften in jährlicher Fortschreibung alle lebensnotwendigen Arzneimittel umfasst, bei denen Lieferengpässe in der Vergangenheit auftraten, derzeit bestehen oder in absehbarer Zeit drohen,
- eine Überprüfung der gemeldeten Lieferengpässe durch das BfArM und nachfolgender automatischer Informationen an betroffene Kliniken, niedergelassene Ärzte und Apotheker,
- gesetzliche Vorschriften zur Ausweitung der Produktions- und Lagerkapazitäten bei den pharmazeutischen Herstellern in Anlehnung an die ursprünglich im Rahmen der 16. AMG-Novelle in § 52 Abs. 5 geplanten Erweiterung des Bereitstellungsauftrages mit Bußgeldern bei gravierenden Verstößen sowie
- die Errichtung eines zentralen Risikomanagements beim BfArM, das mit präventiver Orientierung gegebenenfalls Kliniken, niedergelassenen Ärzten und Apotheken Handlungsempfehlungen unterbreitet.

Literatur:

Bundesinstitut für Arzneimittel und Medizinprodukte (2015): Lieferengpässe, Tabelle der Lieferengpässe – Stand: 27.02.2015, www.bfarm.de.

Charnay-Sonnek, F., Frontini, R., Price, R., Hollak, C. Haerry, D., Houyez, F., Timmis, O., Marschang, S. und Svarcaite, J. (2013): Common position between patients', consumers, and healthcare professionals' organisations involved in the activities of the European Medicines Agency on: Supply Shortages of Medicines. www.geneticalliance.org.uk/docs/final_common_position_supply_shortages_signatures.pdf (Stand 04.06.2014).

Gottwald, P. (2012): in Münchner Kommentar Bürgerliches Gesetzbuch, Band 2: Schuldrecht Allgemeiner Teil, 6. Aufl., München.

Grunert, D. und Zylka-Menhorn, V. (2014): Bioäquivalenzstudien. 176 Medikamentenzulassungen droht der Entzug, in: Deutsches Ärzteblatt, 111. Jg., Heft 50 vom 12.12.2014, A 2206.

Gupta, D.K. und Huang, S.M. (2013): Drug Shortages in the United States: A Critical Evaluation of Root Causes and the Need for Action. Clinical Pharmacology & Therapies 93(2): 133–136.

Korzilius, H. (2015): Manipulierte Bioäquivalenzstudien. 700 Zulassungen sollen ruhen, in: Deutsches Ärzteblatt, 112. Jg., Heft 6 vom 06.02.2015, A 214.

Kügel, J.W. (2012): § 52b, in: Kügel, J.W., Müller, R.-G. und Hoffmann, H.-P. (Hrsg.): Arzneimittelgesetz. Kommentar, 1. Aufl., München.

Kweder, S.L. und Dill, S. (2013): Drug Shortages: The Cycle of Quantity and Quality. Clinical Pharmacology & Therapeutics 93(3): 245–251.

Ludwig, W.-D. (2014): Ursachen, klinische Konsequenzen und Lösungsansätze für Lieferengpässe bei lebenswichtigen Arzneimitteln in der Hämatologie/ internistischen Onkologie, Präsentation, Berlin.

Nickel, L. (2012): §§ 79–83, in: Kügel, J.W. Müller, R.-G. und Hoffmann, H.-P. (Hrsg.): Arzneimittelgesetz. Kommentar, 1. Aufl., München.

Osterloh, F. (2012): Arzneimittel: Falsche Anreize, in: Deutsches Ärzteblatt vom 14.12.2012.

Sachverständigenrat zur Begutachtung der Entwicklung im Gesundheitswesen (2012): Wettbewerb an der Schnittstelle zwischen ambulanter und stationärer Gesundheitsversorgung. Sondergutachten 2012 Bern.

Sachverständigenrat zur Begutachtung der Entwicklung im Gesundheitswesen (2014): Bedarfsgerechte Versorgung – Perspektiven für ländliche Regionen und ausgewählte Leistungsbereiche. Gutachten 2014, Bern.

Sattler, S. (2010): Die Belieferungspflicht pharmazeutischer Unternehmen nach § 52 Abs. 2 AMG aus arzneimittel- und wettbewerbsrechtlicher Sicht, in: Gesundheitsrecht, Heft 1, S. 1–5.

Schwabe, U. (2014): Arzneiverordnungen 2013 im Überblick, in: Schwabe, U. und Paffrath, D. (Hrsg.): Arzneiverordnungs-Report 2014, Heidelberg, S. 3–46.

Stadler, A. (2014): §§ 256–359, in: Jauernig, O. (Hrsg.): Bürgerliches Gesetzbuch. Kommentar, 15. Aufl., München.

Wendtland, C. (2014): §§ 69–71 SGB V, in: Rolfs, Ch., Giesen, R, Kreikebohm, R und Udsching, P. (Hrsg.): Beck'scher Online-Kommentar, Sozialrecht, Stand: 01.09.2014.

Woodcock, J. und Wosinska, M. (2013): Economic and Technological Drivers of Generic Sterile Injectable Drug Shortages. Clinical Pharmacology & Therapeutics 93(2): 170–176.

Ziegler, J. (2013): Apotheker beklagen Arzneimittel-Knappheit, www.deutscheapotheker-zeitung.de vom 12.-02.2013.

Dieter Cassel und Volker Ulrich

Die Wahl der Vergleichstherapie im Rahmen der Erstattung von Arzneimittelinnovationen

1. Einleitung

Mit dem Inkrafttreten des Arzneimittelmarktneuordnungsgesetzes (AMNOG) im Jahr 2011 werden Erstattungsbeträge für patentgeschützte Arzneimittel zwischen dem GKV-Spitzenverband (GKV-SV) und dem pharmazeutischen Unternehmen (pU) verhandelt. Die Basis für die Verhandlungen bildet eine frühe Nutzenbewertung (FNB) der Arzneimittel-Innovation (AMI) nach schottischem Vorbild.

Die FNB stellt eine große Herausforderung dar, denn zum Zeitpunkt der Einführung liegen überwiegend Informationen aus Studien der klinischen Phase III vor, während die für die Bewertung unverzichtbaren Kosten- und Nutzen-Aspekte aus dem Versorgungsalltag weitgehend noch fehlen. Damit setzt die FNB voraus, dass eine rasche Bewertung auf der Grundlage der verfügbaren klinischen Daten sinnvoll ist und eine spätere Beurteilung, die auf umfassendere Daten zurückgreifen kann, immer noch erfolgen und damit die Ergebnisse der FNB auch revidieren kann. In Schottland wird die FNB ebenfalls angewendet, allerdings werden hier alle neuen Medikamente bereits zum Zeitpunkt der Markteinführung zusätzlich unter dem Aspekt der (vorläufigen) Kosteneffizienz bewertet, da in dieser frühen Phase nicht nur klinische Daten, sondern auch bereits verfügbare Daten zur Kosteneffizienz verwendet oder modelliert werden.

In Deutschland gilt somit ein zweistufiges Bewertungs- und Preisfindungsverfahren: In einem ersten Schritt werden die AMI einer FNB unterzogen, welche Kosten- und Effizienzaspekte ausklammert. Danach erfolgt ein zweiter Schritt, in dem der Hersteller mit dem GKV-SV einen Erstattungsbetrag für das Produkt verhandelt. Die Grundlage für die Verhandlungen und auch für ein mögliches Schiedsverfahren bei Nichteinigung bildet der Beschluss des Gemeinsamen Bundesausschusses (G-BA) zum Zusatznutzen gegenüber einer zweckmäßigen Vergleichstherapie (ZVT), die in einem noch patentgeschützten oder schon patentfreien (generischen) Präparat bzw. Wirkstoff oder einer nicht-medikamentösen Therapie bestehen kann. Dabei soll der Erstattungsbetrag im „Bottom-up-Verfahren" durch einen am Zusatznutzen orientierten Zuschlag zu den Kosten der ZVT gebildet werden. Soweit die ZVT patentfrei ist und dem Generikawettbewerb um möglichst niedrige Preise unterliegt, wird die Ausgangsbasis der Preisverhandlungen somit von relativ niedrigen „generischen Vergleichspreisen" gebildet. Sie richten sich nach den Produktions- und Vertriebskosten der Präparate und erlauben erfahrungsgemäß keine Deckungsbeiträge für die entstandenen Kosten der Forschung und Entwicklung (F&E). Unter Governance-Aspekten wurde und wird das AMNOG kritisiert, wobei insbesondere die Wahl der ZVT, die darauf aufbauende Rationale der Preisverhandlungen und die mangelnde Berücksichtigung der F&E-Aufwendungen kritisch hinterfragt werden (DGGÖ 2010, Cassel/Heigl 2013, Dierks 2014, Henke 2014, SVR-G 2014, von Stackelberg 2014).

Der folgende Beitrag untersucht anhand einer empirischen Analyse die Relevanz dieser Kritik an einem generischen Preisanker und analysiert die Häufigkeiten, mit der sich der G-BA bisher für eine generische ZVT entschieden hat, wobei auch das Alter einer generischen ZVT und die auf sie entfallende Patientenpopulation mit ihrem Budget Impact für die Kostenträger berücksichtigt werden (Stand April 2014).

2. Generische Vergleichstherapien: Ausnahme oder Regelfall?

2.1 Der Blick in die G-BA Datenbank

Die empirische Analyse baut auf der frei zugänglichen Datenbank des G-BA zum AMNOG-Verfahren auf. Abbildung 1 enthält stilisierte Fakten der gewählten methodischen Vorgehensweise und gibt einen Einblick in zentrale Merkmale der analysierten Verfahren, Subpopulationen und Wirkstoffe. Auf der Verfahrensebene gehen 66 Verfahren in die Bewertung ein, die den Prozess der FNB durchlaufen haben (Stichtag 30. April 2014). Bei zehn Verfahren handelt es sich um so genannte Orphan Drugs, d. h. Arzneimittel zur Behandlung eines seltenen Leidens, für die der medizinische Zusatznutzen bereits durch die Zulassung als belegt gilt. Hier wird keine ZVT bestimmt.

Abbildung 1: Untersuchte Wirkstoffe und Patientenpopulationen

	Untersuchungsebene	Beschreibung
1	Verfahren	• In die Bewertung gehen **66 Verfahren** ein • Bei 10 Verfahren handelt es sich um Orphan Drugs, d.h. es gibt keine ZVT
2	Subpopulationen	• Untersucht wurden **104 Subpopulationen**
3	Zielpopulation	• In die Bewertung gehen **21.682.930 Patienten** ein - aufsummiert über alle Subpopulationen
4	Wirkstoffe	• In die Bewertung gehen **70 Wirkstoffe** ein

Quelle: Eigene Darstellung.

In die Analyse gehen weiterhin 104 Subpopulationen ein. Bei 56 Verfahren ergibt dies einen Schnitt von 1,8 Subpopulationen pro Verfahren. Subgruppen ergeben sich üblicherweise aus dem Anwendungsgebiet der Zulassung, der Spezifikation der ZVT und aus dem Dossier selbst. Weiterhin sieht das SGB V vor, spezielle Patientengruppen gesondert zu analysieren, insbesondere werden die Kriterien Alter und Geschlecht genannt. Unter einer nachträglichen Subgruppenbildung („Slicing") versteht man die Aufteilung einer Zielpopulation in mehrere Subgruppen nach Abschluss einer Zulassungsstudie durch den G-BA und das Institut für Qualität und Wirtschaftlichkeit im Gesundheitswesen (IQWiG). Das nachträgliche Aufsplitten einer Studienpopulation in vorher nicht definierte Subpopulationen wird kontrovers diskutiert, da die Gefahr besteht, dass diese nachträgliche Änderung aus rein statistischen Gründen zu einer Herabstufung bzw. Aberkennung des Zusatznutzens in den jeweiligen Subgruppen führen kann (Greiner/Witte 2015).

Die nächste Analyseebene ist die Ziel- bzw. Patientenpopulation. Für jedes Anwendungsgebiet wird sowohl eine ZVT als auch die Patientengruppe bestimmt, für die ein therapeutischer Zusatznutzen geltend gemacht wird. Abzugrenzen davon ist die Zielpopulation als Gesamtheit der von der Zulassung umfassten Patienten. In die Analyse der 56 abgeschlossenen Verfahren gehen knapp 22 Mio. Patienten ein. Auf der Wirkstoffebene sind es schließlich 70 Wirkstoffe, die als ZVT dienen. Auch der Zeitraum, der zwischen dem Patentablauf der (generischen)

ZVT und dem Launch des patentgeschützten neuen Arzneimittels liegt, wird auf dieser Ebene untersucht.

2.2 Ergebnisse auf der Verfahrensebene

Mit Blick auf die Verfahrensebene zeigt Abbildung 2, dass für 71 % der untersuchten FNB-Verfahren die ZVT mindestens einen generischen Wirkstoff beinhaltet. Lediglich in 18 % der Verfahren enthielt die ZVT einen Originalwirkstoff. 11 % der Verfahren fallen in das Segment „Sonstiges".

Abbildung 2: Die ZVT auf der Ebene der Verfahren

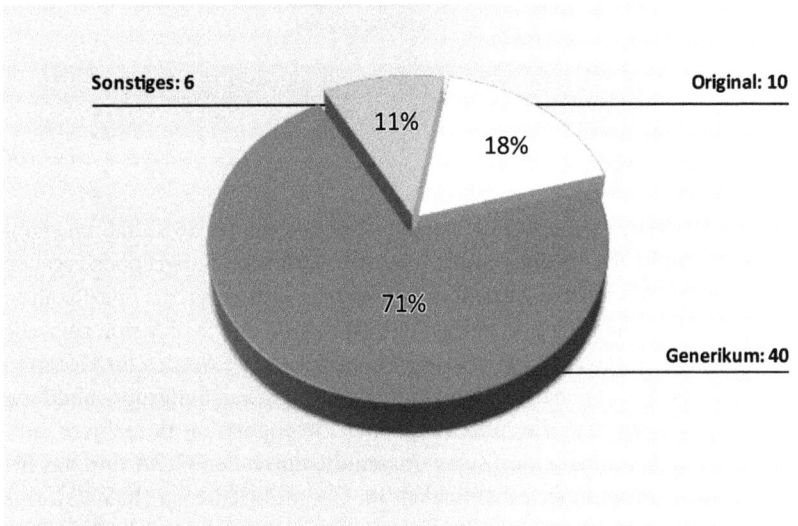

Quelle: Eigene Darstellung.

Diese Kategorie „Sonstiges" beinhaltet bspw. nicht-medikamentöse Therapien (Krankengymnastik, Strahlentherapie, etc.) oder Best Supportive Care. Darunter ist diejenige Therapie zu verstehen, die eine bestmögliche, patientenindividuell optimierte unterstützende Behandlung zur Linderung von Symptomen und Verbesserung der Lebensqualität gewährleistet.

Die Wahl der Vergleichstherapie 85

2.3 Ergebnisse auf der Ebene der Subpopulationen

Die Auswertungsergebnisse auf der Ebene der Subgruppen enthält Abbildung 3. Gegenüber der Auswertung bei den Verfahren in Abbildung 2 steigt der Anteil der Subgruppen, bei denen die ZVT mindestens einen generischen Wirkstoff enthält, um 4 Prozentpunkte auf 75 %. Damit spielen generische Wirkstoffe und ihre Preise bei drei Viertel aller gebildeten Subgruppen eine entscheidende Rolle.

Abbildung 3: Subpopulationen mit mindestens einem generischen Wirkstoff als ZVT

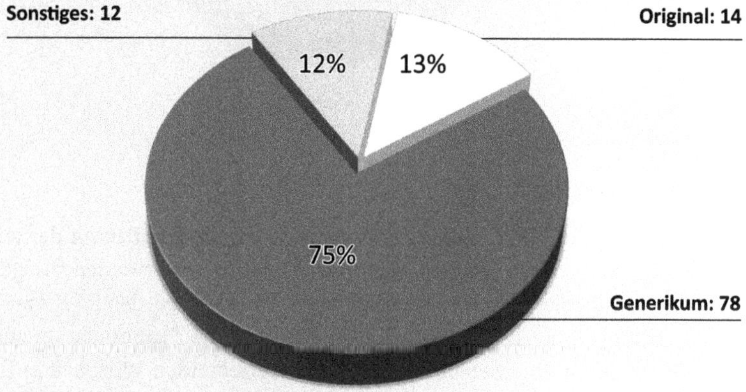

Sonstiges: 12 — 12%
Original: 14 — 13%
Generikum: 78 — 75%

Quelle: Eigene Darstellung.

Abbildung 4 enthält die zusätzliche Information, aus wie vielen Wirkstoffen sich die ZVT in den einzelnen Subpopulationen zusammensetzt. Lediglich in 13 % der untersuchten Subgruppen besteht die ZVT aus einem Originalwirkstoff, in 15 % der Fälle besteht sie aus einem generischen Wirkstoff. In allen anderen Fällen enthält die ZVT mehr als einen Komparator, überwiegend mehrere generische Substanzen (46 %); in 14 % der untersuchten Subgruppen bestand sie aus einer Kombination zwischen einem generischen Wirkstoff und einem Original.

Abbildung 4: Generische Substanzen als ZVT in den Subpopulationen

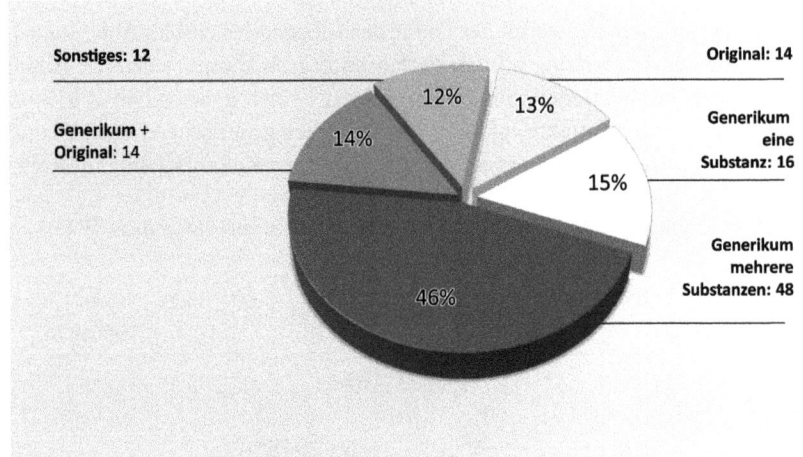

Quelle: Eigene Darstellung.

Die Bestimmung der GKV-Zielpopulation spielt für die Ermittlung der zu erwartenden Absatzmengen des Herstellers sowie der zu erwartenden Budgetbelastung der Krankenkassen eine wichtige Rolle im Rahmen der FNB bzw. der Preisverhandlung (May 2014). Grundsätzlich besteht die Zielpopulation aus allen Patienten, die für eine Behandlung mit dem betreffenden Wirkstoff in Frage kommen. Falls beispielsweise Mischpreise über alle Zielpopulationen gebildet werden, haben große Zielpopulationen eine größere ökonomische Bedeutung für die Verhandlungen über den Erstattungsbetrag als kleinere Gruppen (Dieken 2014, Walzer/Dröschel 2014, S. 23). Die Bedeutung einer generischen ZVT korreliert daher auch mit der Größe der Zielpopulation. Abbildung 5 zeigt die ZVT auf der Ebene der Zielpopulation. In unserer Analyse schwankt die Zahl der erfassten Patienten, je nach Art der Aggregation, zwischen 19,5 und 23,9 Mio. Personen. Auf dieser Ebene erweist sich die Bewertungspraxis des G-BA noch stärker generikabasiert: Für 93 % der Patienten (20,1 Mio. Personen), die für die Behandlung grundsätzlich in Frage kommen, enthält die ZVT mindestens einen generischen Wirkstoff. Lediglich bei 4 % der Patienten besteht die ZVT aus einem Originalpräparat als Komparator und in 3 % der Fälle enthält die ZVT eine nichtmedikamentöse Therapie oder Best Supportive Care.

Abbildung 5: Generische ZVT bei patientenstarken Verfahren

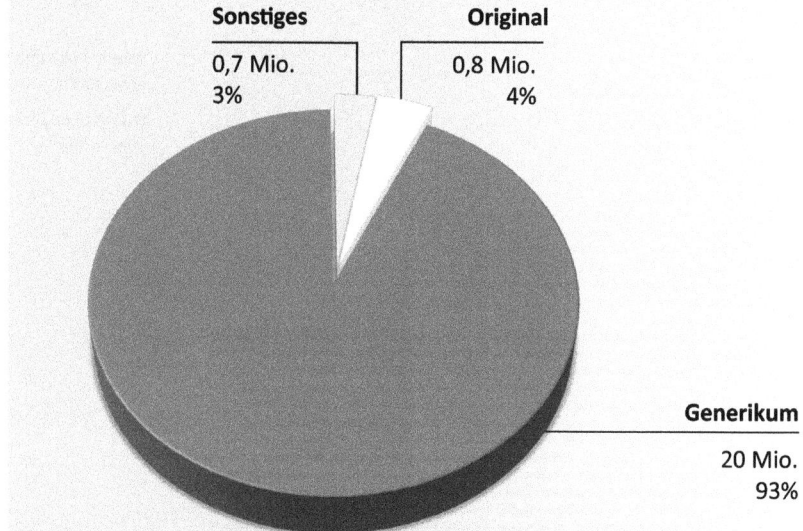

Quelle: Eigene Darstellung.

2.4 Alter der generischen Vergleichstherapien

Für die EB-Verhandlungen ist auch von Relevanz, wie alt ein Generikum in der ZVT im Durchschnitt ist bzw. wie lange der zugrunde liegende Wirkstoff bereits seinen Patentschutz verloren hat. Je länger nämlich der Patentschutz bereits abgelaufen ist, umso stärker dürfte der Preiswettbewerb auf dem Generikamarkt den Preis der ZVT erodiert haben. Wenn es sich bei der ZVT als Verhandlungsbasis um ein älteres Bestandspräparat mit entsprechend niedrigem Preis handelt, hat es der Hersteller besonders schwer, bzw. es wird für ihn fast unmöglich, ein angemessenes Verhandlungsergebnis zu erzielen, da die verhandelten Zuschläge auf dem niedrigen generischen Preis aufsetzen, der nur einen geringen Spielraum nach oben besitzt. Aus Abbildung 6 ist ersichtlich, dass von den untersuchten 50 ZVT mit generischen Wirkstoffen der Patentschutz bei 32 Wirkstoffen (64 %) schon länger als 14 Jahre abgelaufen ist (hellblau markiert). Bei den verbleibenden 18 Wirkstoffen (dunkelblau markiert) ist das Patent im Durchschnitt bereits seit sieben Jahren abgelaufen.

Abbildung 6: Alter der generischen ZVT: Ablauf des Patentschutzes nach Jahren

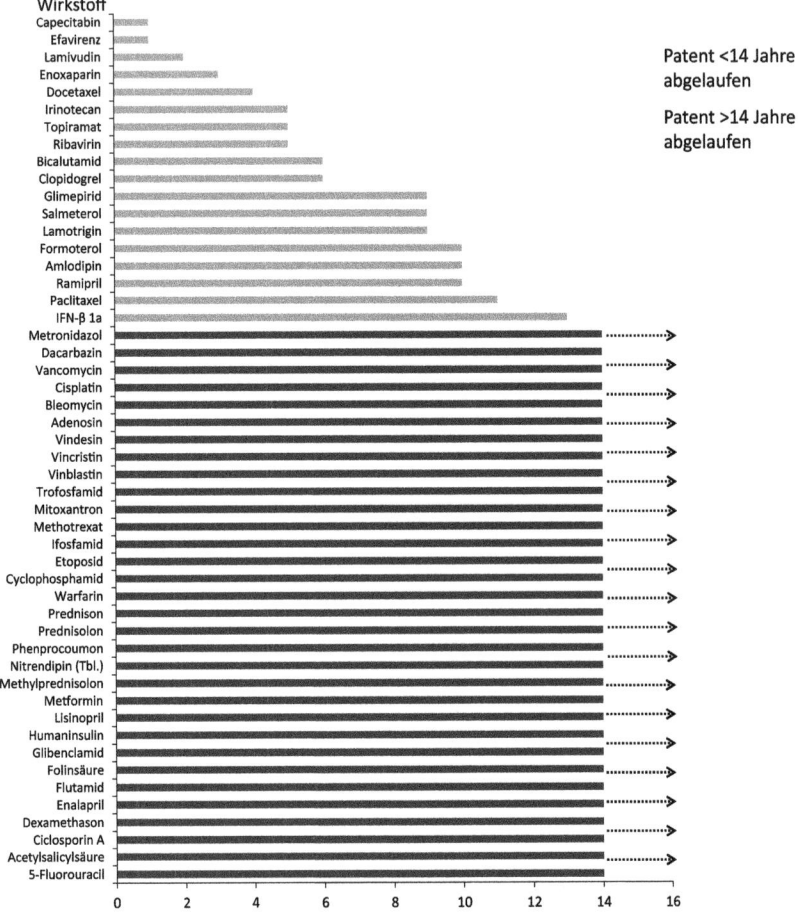

Quelle: Eigene Darstellung.

Abbildung 7 fasst die empirischen Ergebnisse zur Wahl generischer Vergleichstherapien für AMI mit Zusatznutzen zusammen:

- Von den untersuchten 66 Verfahren, welche die FNB bis Ende April 2014 durchlaufen haben, basieren 71 % der Verfahren auf einem Generikum oder sie haben zumindest einen generischen Anteil in der ZVT.
- Auf der Ebene der 104 Subpopulationen liegt der entsprechende Anteil bei 75 %.

- Auf der Ebene der Zielpopulation weist die ZVT sogar in 93 % der Fälle einen generischen Anteil auf.

Abbildung 7: Generische Anteile an der ZVT auf allen untersuchten Ebenen (2011–2014)

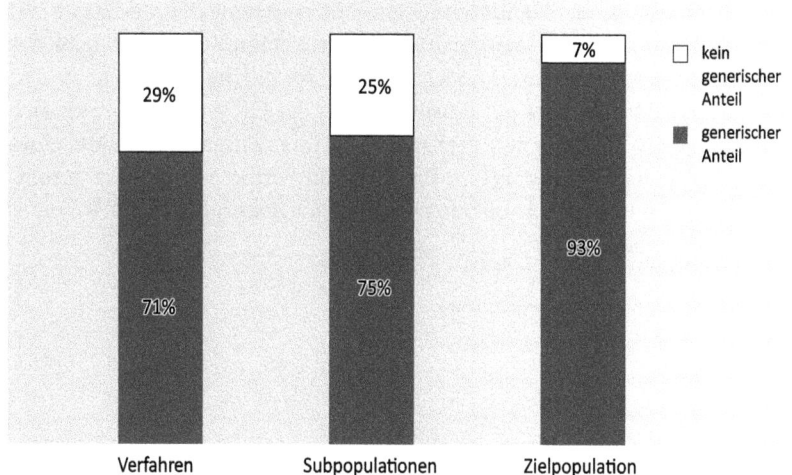

Quelle: Eigene Darstellung.

Diese hohen Anteile machen deutlich, dass generische Vergleichstherapien bisher eher die Regel und keineswegs die Ausnahme darstellen. Hinzu kommt, dass ein erheblicher Teil der in der ZVT enthaltenen Generika schon verhältnismäßig lange auf dem Markt ist und dementsprechend weitgehend zu Grenzkosten und damit auch zu Tiefstpreisen angeboten wird: Bei 64 % der Wirkstoffe in der ZVT ist das Patent schon länger als 14 Jahre abgelaufen.

3. Ökonomische Analyse eines generischen Preisankers

Um überhaupt in Preisverhandlungen mit dem GKV-SV eintreten zu können, muss der G-BA einer Innovation aufgrund der FNB zumindest einen geringen oder nicht quantifizierbaren Zusatznutzen testiert haben. Nur im Falle des Vorliegens eines Zusatznutzens besteht eine gewisse Chance, einen Erstattungsbetrag zu erhalten, der die Kosten der Vergleichstherapien überschreitet. Die bis Ende Juni 2014 vorliegenden Ergebnisse der FNB sind diesbezüglich ernüchternd: Denn von den hier erfassten 70 Verfahren (Abbildung 8) wurde vom G-BA keinem einzigen Medikament die höchste Bewertung („erheblicher Zusatznutzen") zugesprochen und lediglich 15 Präparaten (21,4 %) die zweithöchste („beträchtlicher Zusatznutzen"); dagegen erhielten fast doppelt so viele Medikamente, nämlich 27 (38,6 %), die Bewertung „kein oder nicht belegter Zusatznutzen".[1] Immerhin erkannte der G-BA bei 22 Wirkstoffen (31,4 %) einen geringen und bei weiteren sechs zumindest einen nicht quantifizierbaren Zusatznutzen (8,6 %) an.[2] Damit schneiden aber insgesamt 28 Produkte (40 %) bei der FNB mit einem nur marginalen oder unsicheren Zusatznutzen ab, der wirtschaftlich gesehen kaum Aussicht auf auskömmliche Zuschläge zu den Kosten der ZVT bietet. Dies gilt umso mehr, als der GKV-SV wohl zusätzlich bestrebt ist, AMNOG-bewertete Präparate trotz ihres Zusatznutzens und eines verhandelten Erstattungsbetrags im Rahmen von Festbetragsgruppen zusammen mit weiteren Bestandsprodukten einschließlich der generischen ZVT unter Festbetrag zu stellen.[3]

---

1   Inzwischen (nach 115 abgeschlossenen Verfahren, Stand März 2015) wird vom G-BA zum ersten Mal die höchste Bewertung („erheblicher Zusatznutzen") für eine Subpopulation ausgesprochen. Dabei handelt es sich um das Präparat Propranolol (Hemangiol®) zur Behandlung von Säuglingen mit proliferativen infantilen Hämangiomen. Bei der Nutzenbewertung von Hemangiol® unterschied der G-BA auf Basis des zugelassenen Anwendungsgebietes zwischen drei Patientengruppen: Kindern mit lebens- oder funktionsbedrohendem Hämangiom, Kindern mit ulzeriertem Hämangiom, das Schmerzen verursacht und/oder nicht auf einfache Wundpflegemaßnahmen anspricht sowie Kindern mit einem Hämangiom, bei dem die Gefahr von bleibenden Narben oder Entstellung besteht. Für die Gruppe der Kinder mit einem Hämangiom, bei dem die Gefahr von bleibenden Narben oder Entstellung besteht, lag dem G-BA eine aussagekräftige vergleichende Studie zur Bewertung vor. Dies ist angesichts der bekannten Schwierigkeiten bei der Durchführung von klinischen Studien an Kindern besonders bemerkenswert. Für diejenigen Kinder, die in dieser Studie untersucht wurden, hat der G-BA dem Wirkstoff einen erheblichen Zusatznutzen zuerkannt. Der Zusatznutzen für die beiden anderen Gruppen war nicht quantifizierbar.
2   Der „nicht quantifizierbare Zusatznutzen" bildet eine eigene Kategorie. Der Begriff sagt nur aus, dass man den Zusatznutzen (noch) nicht bemessen kann. Deshalb wäre es nicht angemessen, ihn unter die Kategorie „gering" zu subsummieren. Es kann hierunter durchaus Präparate geben, die sich im Versorgungsalltag als vorteilhaft entwickeln und dann auch wirtschaftlich erfolgreich sein können.
3   Siehe die kürzlich geführte Diskussion zwischen Josef Hecken (G-BA) und Lutz Boden (BAH): Hecken 2014 und Bode et al. 2014.

Abbildung 8: Bewertungsergebnisse des G-BA zum Zusatznutzen

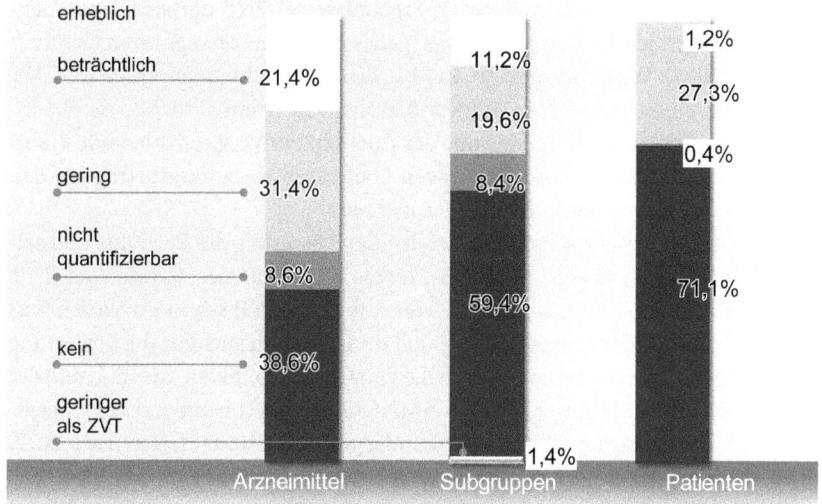

Quelle: Eigene Darstellung (Stichtag:22.06.2014, hier insg. 70 Verfahren).

Grundsätzlich spricht nichts gegen die neue AMNOG-Maxime „Value for Money" als Richtschnur für Preisverhandlungen und Erstattungskonditionen (Schlander et al. 2013, Rebscher 2014). Dazu müssen aber die Verhandlungspositionen und Regelungsstrukturen (so genannte Governance) für alle Beteiligten im Preisfindungsprozess so beschaffen sein, dass keine Seite institutionell benachteiligt wird. Im Ergebnis sollten Erstattungsbeträge zustande kommen, die im Zusammenspiel von Patientennutzen und Innovationskosten den ökonomischen Wert eines neuen, nutzenbasierten Medikaments reflektieren.

So ist zwar nach der geltenden Arzneimittel-Nutzenbewertungsverordnung (AM-NutzenV) die ZVT „…regelhaft zu bestimmen nach Maßstäben, die sich aus den internationalen Standards der evidenzbasierten Medizin ergeben" (§ 6 (1) AM-NutzenV), damit ist aber nicht ausgeschlossen, dass bei ihrer Auswahl durch den G-BA auch deren Therapiekosten entscheidungsrelevant sind, obwohl diese erst bei den nachfolgenden Preisverhandlungen eine Rolle spielen sollten. Hier ist die Regelung zu beachten, dass die ZVT in einer speziellen Konstellation unmittelbar als Orientierung für die Erstattung dient. Wenn im Rahmen der FNB kein Zusatznutzen gezeigt und das entsprechende Arzneimittel keiner Festbetragsgruppe zugeordnet werden kann, darf der Erstattungsbetrag die Jahrestherapiekosten der ZVT nicht übersteigen (§ 130b (3) SGB V).

Die insoweit von ökonomischen Interessen mitbestimmte Auswahl der ZVT ist deshalb problematisch, weil sie die Ergebnisse der FNB und der gegebenenfalls nachfolgenden Preisverhandlungen gewissermaßen vorwegnimmt (Fischer/Stargardt 2014). Wenn, wie gezeigt, in 71 % der untersuchten Verfahren die ZVT mindestens einen generischen Wirkstoff enthält, ist offensichtlich, dass ökonomische Aspekte bereits die erste Stufe der Auswahl der Vergleichstherapie dominieren, weil die späteren Verhandlungen über einen Erstattungsbetrag auf den Therapiekosten der generischen ZVT aufsetzen.

Damit hängt der wirtschaftliche Erfolg oder Misserfolg des Produkts und seines Innovators im weiteren AMNOG-Prozess bereits von der Auswahl der ZVT ab (Ecker et al. 2015, Dintsios 2014). Wenn aber die FNB schon im Vorfeld mit der Wahl der ZVT strategieanfällig ist, gilt dies natürlich auch für die Bewertung selbst. Hierfür sprechen eine ganze Reihe von Gesichtspunkten, die im Laufe der Jahre durch die Bewertungspraxis des AMNOG und des von ihm mit der Nutzenbewertung beauftragten IQWiG offenkundig geworden sind (Fleischmann 2012, S. 10; Rychlik 2012, S. 217; Cassel/Heigl 2013, S. 15 f. und 19 f.)

Es dürfte natürlich nicht ohne Folgen für den Preisfindungsprozess bleiben, wenn wirtschaftliche Gesichtspunkte bereits bei der FNB eine Rolle spielen, obwohl die FNB gemäß der AM-NutzenV zunächst nach rein medizinisch-therapeutischen Maßstäben zu erfolgen hat. Sofern der G-BA den ZN mit „kein" oder „geringer als ZVT" bewertet, wird das neue Präparat AMNOG-gemäß unter Festbetrag gestellt und damit dem generischen Preiswettbewerb ausgesetzt – oder mit einem Erstattungsbetrag versehen, der nicht höher sein darf als die Jahrestherapiekosten der ZVT. Die 3. AMG-Novelle ergänzt hier sogar, dass die Jahrestherapiekosten nicht höher sein dürfen als die Kosten der billigsten Therapie, wenn mehrere ZVT bestimmt wurden.

Die preistheoretische Problematik dieser Vorgehensweise verdeutlicht Abbildung 9. In einem gewöhnlichen Preis-Mengen-Diagramm sind für ein beliebiges Arzneimittel die sich ergebenden Durchschnitts- (DK) und Grenzkosten- (GK) Kurven schematisch eingezeichnet, wenn man annimmt, dass das Präparat zum einen als Patentpräparat (P) und zum anderen als Generikum (G) angeboten wird. Deshalb repräsentiert DKP die totalen Durchschnittskosten des forschenden Originalanbieters einschließlich seiner aufgewandten und größtenteils versunkenen F&E-Kosten, während DKG die Durchschnittskosten wiedergibt, die der aggregierten Gesamtheit der Hersteller im Generikafall mit ihren deutlich niedrigeren Sunk Costs entstehen. Beide Kurven verlaufen wegen der (unterschiedlichen) Fixkostenblöcke degressiv auf die Mengenachse zu, da der Anteil der Fixkosten an den Kosten pro Stück bei höherer Stückzahl sinkt. Dagegen wird der Einfachheit halber unterstellt, dass die mengenabhängigen variablen Produktions- und Vertriebskosten in beiden Fällen gleich sind und linear mit gleicher Steigung zunehmen, sodass die Grenzkosten konstant sind und für P und G identisch parallel zur Mengenachse verlaufen (GKP,G). Nimmt man weiterhin an, dass die Generikahersteller einen Preis bzw. Erstattungsbetrag von PG in Höhe der in beiden Fällen gleichen Produktionsgrenzkosten GKP,G haben und sie eine Menge absetzen, die das Markt- bzw. Verordnungspotenzial MP gerade ausschöpft, würden sie trotz des bescheidenen Generikapreises immer noch einen Gewinn in Höhe des Rechtecks ABCD machen. Dagegen würde dem Originalhersteller beim gleichen Preis unweigerlich ein Verlust in Höhe des Rechtecks ADEF entstehen. Pragmatisch gesehen folgt daraus, dass dem forschende pU notwendigerweise ein Preisaufschlag zur Deckung seiner F&E-Kosten pro Stück in Höhe der Strecke AF gewährt werden müsste, wenn er mit seiner AMI einen Verlust vermeiden will.

Abbildung 9: Kostenstruktur und Marktergebnis eines als Generikum (G) oder Patentpräparat (P) angebotenen neuen Wirkstoffs

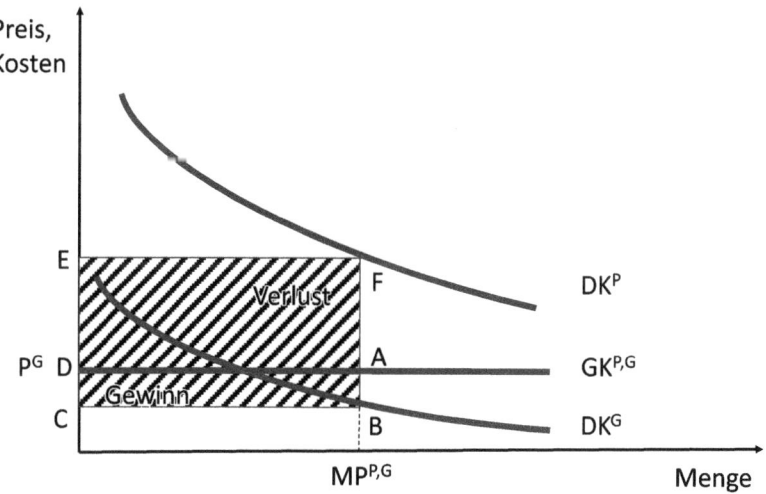

Legende: DK^P; DK^G – totale Durchschnittskosten eines Arzneimittels, das annahmegemäß alternativ als Patentpräparat (P) oder Generikum (G) angeboten wird; $GK^{P,G}$ – Grenzkosten von P und G; PG – Preis oder Erstattungsbetrag des Arzneimittels als Generikum; MP – Markt- bzw. Verordnungspotenzial.
Quelle: Eigene Darstellung.

Tatsächlich deuten bereits die bisherigen Reaktionen der Hersteller auf die Ergebnisse der Nutzenbewertung und Preisermittlung auf eine bedenkliche Entwicklung: So zeigt Abbildung 10, dass 20 % der Arzneimittel mit abgeschlossener oder abgebrochener Preisverhandlung, denen im AMNOG-Verfahren ein Zusatznutzen attestiert wurde, für die Versorgung der Versicherten nicht mehr uneingeschränkt zur Verfügung stehen. Dabei stehen sogar knapp 10 % der Arzneimittel mit Zusatznutzen den Patienten dauerhaft nicht zur Verfügung, da die Hersteller von der Opt-out-Möglichkeit Gebrauch machen, d. h. dass der Hersteller ein bereits zugelassenes Medikament wieder vom Markt nimmt (Hammerschmidt 2014).

Da der Erstattungsbetrag inzwischen als deutscher Herstellerabgabepreis (ApU) gilt, der für jedermann offen ausgewiesen wird, ist er nun auch Referenzpreis für andere europäische Länder. Durch die Verflechtung Deutschlands im internationalen System der Preisreferenzierung (IRP – International Reference Pricing) droht ein so genanntes „Re-Referencing" mit der Gefahr weiterer Preiserosionen.

Abbildung 10: Verfügbarkeit von Arzneimitteln mit abgeschlossener oder abgebrochener Preisverhandlung

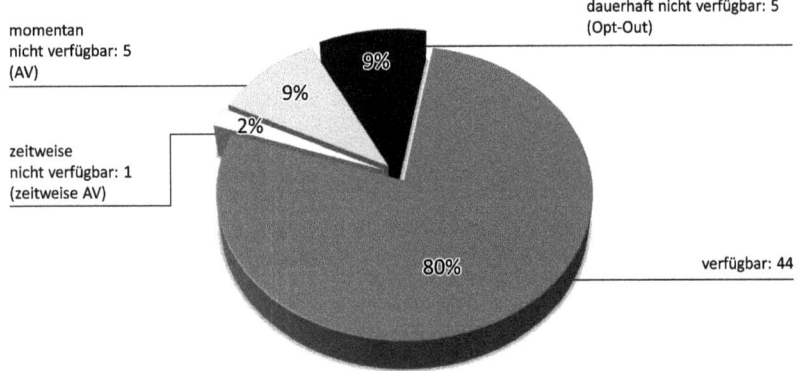

Quelle: Eigene Darstellung.

Darunter würde unweigerlich die Innovationsdynamik der international aufgestellten forschenden Arzneimittelhersteller leiden und es wären über Deutschland hinaus erhebliche Nachteile für die längerfristige Entwicklung der Arzneimittelversorgung in Europa und der übrigen Welt zu erwarten (Danzon/Wang/Wang 2005; Kyle 2007 Cassel/Ulrich 2012). Der Vergleich zwischen den deutschen Erstattungsbeträgen und dem durchschnittlichen oder niedrigsten Preis der jeweiligen Produkte in den europäischen Vergleichsländern zeigt, dass diese Sorge nicht unbegründet ist: Nahezu 90 % der bisherigen Erstattungsbeträge in Deutschland liegen unterhalb des durchschnittlichen Preises eines Präparats in den europäischen Vergleichsländern und knapp 60 % sogar unterhalb seines niedrigsten europäischen Preises (Abbildung 11).

Abbildung 11: *Erstattungsniveau und europäischer Durchschnittspreis*

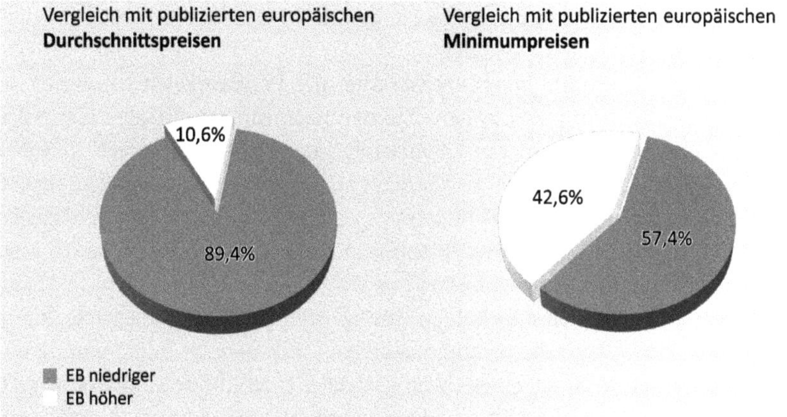

Vergleich mit publizierten europäischen **Durchschnittspreisen**: 10,6 % EB höher / 89,4 % EB niedriger

Vergleich mit publizierten europäischen **Minimumpreisen**: 42,6 % EB höher / 57,4 % EB niedriger

Quelle: Eigene Darstellung.

Gegen die Analyse der Preise in europäischen Vergleichsländern könnte man einwenden, dass ein Vergleich der Listenpreise wenig aussagekräftig ist, da er die gewährten, aber vertraulichen Rabatte in anderen europäischen Ländern nicht berücksichtigt. Es gibt jedoch in den internationalen Preisdatenbanken keine anderen Preisangaben als die der Listenpreise, deshalb können die vertraulichen Rabatte nicht erfasst werden. Im Übrigen kennt auch das deutsche Gesundheitssystem individuell vereinbarte Selektivrabatte, die ebenfalls nur den Vertragspartnern bekannt sind.

Die Schwierigkeiten bei den AMNOG-Verhandlungen über die Erstattungsbeträge beruhen größtenteils auf einem schwer lösbaren Interessenkonflikt (Dietz 2011, Wille 2014). Während die Kassenseite eine innovative und qualitativ hochwertige Arzneimittelversorgung zu Tiefstpreisen verlangt, erwartet die Pharmaseite, dass sie in aller Regel nicht nur die Produktions- und Vertriebskosten, sondern auch die unwiederbringlich verlorenen F&E-Kosten ihrer Innovationen über Preise und Verschreibungsmengen bis zum Ablauf des Patentschutzes hereinholen kann.

Im Unterschied zur bisherigen angebotsseitigen Preisbildung der Hersteller, in der das Kosten- und Gewinnkalkül dominiert, stellt die nutzenorientierte Preisfindung grundsätzlich auf nachfrageseitige Faktoren ab, d. h. auf den Nutzenvorteil beim Patienten. Das bedeutet, dass in die Preisfindung bei neuen Arzneimitteln Angebots- (Kosten-) und Nachfrage- (Nutzen-) Aspekte gleichermaßen eingehen müssten (Pfäffli 2009, S. 26 ff.). Grundsätzlich sollte deshalb versucht werden, die Präferenzen bzw. die Zahlungsbereitschaft der Patienten bzw. Versicherten stärker zu berücksichtigen und diese empirisch zu ermitteln, wie es beispielsweise durch moderne Verfahren der Präferenzmessung auch im Gesundheitswesen möglich geworden ist.

Gesundheitsökonomisch verfehlt ist daher der Preisvergleich von innovativen Arzneimitteln mit anerkanntem Zusatznutzen mit patentfreien Generika. Erstere befinden sich in einem dynamischen Innovationswettbewerb. Um ihre Forschungskosten amortisieren zu können und um Forschungsanreize zu setzen, erhalten diese Präparate einen Patentschutz, der Preise oberhalb der Grenzkosten ermöglicht. Dieser Schutz ist aus guten Gründen jedoch befristet. Danach setzt nämlich der Generikawettbewerb ein: Er bewirkt, dass die Innovation nach Ablauf des Patentschutzes der Gesellschaft zu Grenzkosten zur Verfügung stehen kann. Während es die Aufgabe des patentgeschützten Marktes unter Inkaufnahme statisch ineffizienter Preise ist, einen dynamisch effizienten Innovationswettbewerb zu ermöglichen, ist es die Aufgabe des Generikawettbewerbs, nach Auslaufen des Patentschutzes für eine statische Effizienz zu sorgen. Nun aber im AMNOG-Verfahren Preise von Patentpräparaten mit Generikapreisen zu vergleichen, geht an den unterschiedlichen Funktionen von Patent- und Generikamarkt vorbei.

In diesem Kontext kommt auch der Frage, wie der AMNOG-Preisfindungsprozess konkret ausgestaltet wird, erhebliche Bedeutung zu. Grundsätzlich lässt sich der EB sowohl „von oben" als auch „von unten" her ermitteln. Wie Abbildung 12 zeigt, legt der Hersteller im Top-down-Verfahren normalerweise den Preis seines Präparats (ApU, Herstellerabgabepreis, Listenpreis) fest und verhandelt davon ausgehend einen Rabatt. Der Erstattungsbetrag ergibt sich dann, indem der ausgehandelte Rabatt vom ApU abgezogen wird. Beim Bottom-up-Verfahren wird dagegen von unten her gerechnet, d. h. der Erstattungsbetrag ergibt sich durch einen Zuschlag auf eine am Markt bereits realisierte Preisbasis, die durch den Preis bzw. die Kosten der ZVT gebildet wird. Entscheidend für die Höhe des EB ist bei diesem Verfahren also die Höhe des zu verhandelnden Zuschlags.

Die Rabatte sind das Kernelement des Versuchs, ein monetäres Äquivalent für den ZN zu finden. Geht man nach dem Top-down-Verfahren vor, besteht die Gefahr, dass die Ausgangsbasis ggfs. ein zu hoch gesetzter ApU ist. Dies sichert dem Hersteller zumindest im ersten Jahr hohe Erlöse, allerdings gefolgt von hohen Rabatten, die nach einer Vereinbarung oder einer Schiedsstellenlösung zu gewähren sind. Mit Blick auf die Marktdurchdringung der AMI im ersten Jahr besitzt ein solches Vorgehen weitere Risiken, da die hohen Preise einer erwünschten Marktdurchdringung entgegenstehen. Bei einem Bottom up-Verfahren bildet die ZVT dagegen zunächst eine objektiv vorliegende Basis als Marktergebnis, die allerdings aufgrund der niedrigen generischen und zudem veralteten Preisbasis einen wirtschaftlichen Erfolg beeinträchtigt. Denn ob die forschende Pharmaindustrie weiter investiert, hängt wesentlich davon ab, ob die künftigen Vermarktungsbedingungen bei Arzneimitteln so eingeschätzt werden, dass sich hochriskante Investitionen mit ungewöhnlich langer Ausreifungszeit auf Dauer überhaupt noch lohnen.

Abbildung 12: Preiskorridor für Arzneimittel mit Zusatznutzen

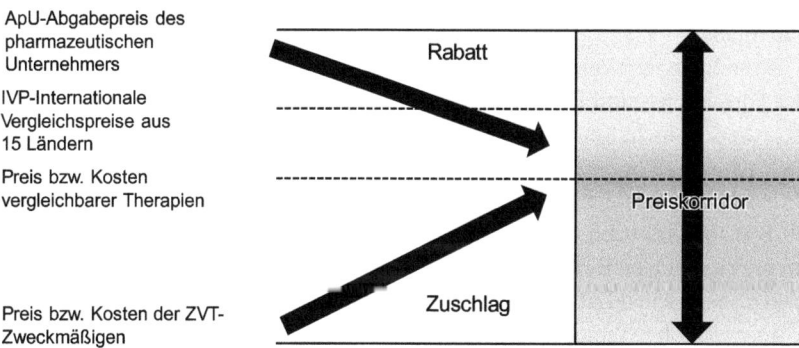

Quelle: Eigene Darstellung.

4 Zusammenfassung und Ausblick

Nutzenorientierte Preisverhandlungen sind nur dann angemessen und zielführend, wenn sie gesundheits- und industrieökonomisch ausbalanciert sind und ein generischer Preisanker nicht innovationshemmend wirken kann. Wenn eine funktionale Bewertung und Preisbildung für AMI nicht mehr möglich ist, werden Patienten in Deutschland solche Medikamente in Zukunft nur verzögert oder gar nicht erhalten. Auch wirtschafts- und forschungspolitisch hat Deutschland in der EU eine große Verantwortung und kann nicht „Trittbrettfahrer" bei der Entwicklung neuer Arzneimittel sein. Angesichts seiner hohen Zahlungsfähigkeit und Zahlungsbereitschaft darf es deshalb nicht zu einem „Billigland" für AMI werden.

Da im AMNOG-Verfahren generische Produkte dominant zum Nutzenvergleich mit neuen Produkten herangezogen werden, sollten Reformmaßnahmen zunächst hier ansetzen. Erforderlich ist zunächst eine klare Trennung zwischen der Nutzenbewertung und der anschließenden Verhandlung der Erstattung. Weiterhin sollten Fachleute in den Zulassungsbehörden, an den Universitäten und an Kliniken an der Konzeption und Umsetzung klinischer Studien, welche eine Grundlage für die FNB bilden, maßgeblich beteiligt werden. Leitlinien der Fachgesellschaften definieren die Therapiestandards in den einzelnen Indikationsgebieten, auf welche sich die FNB bezieht.

Es wäre deshalb sachgerecht und der unabhängigen wissenschaftlichen Meinungsbildung förderlich, in der Arbeitsgruppe AG 35a des Unterausschusses Arzneimittel eine „Wissenschaftsbank" einzurichten, ergänzend zu den „Bänken" der Leistungserbringer, der Krankenkassen und der – nicht stimmberechtigten – Patienten.

Es sollte in den Verhandlungen auch um die angemessene Berücksichtigung der Forschungs- und Entwicklungskosten gehen. Das Kriterium „F&E-Kosten" ist sicherlich nicht unumstritten und zudem schwer operationalisierbar bzw. auf Deutschland zu begrenzen, aber sehr wohl als Preisdeterminante zwischen GKV-SV und pU verhandelbar. In der gegenwärtigen Diskussion geht es nicht darum, ob F&E-Ineffizienzen erstattet werden sollen, sondern darum, ob Deutschland im internationalen Kontext grundsätzlich noch bereit ist, die finanzielle Last von pharmazeutischen Entwicklungsprojekten mitzutragen.

Insgesamt betrachtet sollten die Jahrestherapiekosten einer generischen ZVT bei Arzneimitteln mit Zusatznutzen kein maßgebliches Verhandlungskriterium sein. Hierzu ist eine Änderung im Gesetz zu den maßgeblichen Verhandlungsparametern erforderlich. Die Problematik des generischen Preisankers für AMI könnte etwa durch eine Klarstellung in § 130 b SGB V gelöst werden: Bei Arzneimitteln mit Zusatznutzen ist die Bezugnahme auf die Jahrestherapiekosten einer generischen ZVT unzulässig. Ist die ZVT ein patentgeschütztes Bestandspräparat, kann es dagegen bei der Bezugnahme auf dessen Therapiekosten bleiben, weil dies auf eine adäquate nationale Preisreferenzierung hinausliefe.

Es besteht aber auch die Möglichkeit, Preisuntergrenzen einzuführen, um Kostendeckungsbeiträge für F&E einpreisen bzw. verhandeln zu können. Dazu könnte ein kaufkraftgewichteter Preiskorb dienen, der auf den Herstellerabgabepreisen (ApU) in den europäischen Ländern mit nutzenorientierter Preisfindung basiert. Hierauf könnte dann ein in den Preisverhandlungen zu vereinbarender bzw. in der Schiedsstellenentscheidung festzulegender (prozentualer) Zuschlag aufgeschlagen werden. Die notwendige Voraussetzung dafür ist allerdings, dass der kaufkraftgewichtete europäische Preiskorb und die Jahrestherapiekosten vergleichbarer Arzneimittel im europäischen Ausland nicht unterschritten werden dürften, d. h. eine Preisuntergrenze darstellen müssten. Durch die Gewichtung europäischer Preise mit Kennzahlen der wirtschaftlichen Leistungsfähigkeit lässt sich die Verfügbarkeit von innovativen Produkten in Europa verstetigen und gleichzeitig können Investitionen in F&E gefördert werden.

Literatur

DGGÖ-Deutsche Gesellschaft für Gesundheitsökonomie (2010), Stellungnahme der Deutschen Gesellschaft für Gesundheitsökonomie zum Arzneimittelmarktneuordnungsgesetz, Berlin et al.

Bode, C.; Haas, A.; Tebinka-Olbrich, A. (2014): Ein ideales Paar: Erstattungs- und Festbeträge zur Regulierung von Arzneimittelpreisen, in: G+G-Gesundheits- und Sozialpolitik. Zeitschrift für das gesamte Gesundheitswesen, 68(3/2014), S. 7–14.

Cassel, D.; Heigl, A. (2013): AMNOG in der Umsetzung: Preisregulierung als Innovationsbremse? In: RPG – Recht und Politik im Gesundheitswesen, 1/2013, S. 10–27.

Cassel, D.; Ulrich, V. (2012, 1): Herstellerabgabepreise auf europäischen Arzneimittelmärkten als Erstattungsrahmen in der GKV-Arzneimittelversorgung. Zur Problematik des Konzepts internationaler Vergleichspreise, Gutachten für den vfa – Verband Forschender Arzneimittelhersteller, Endbericht vom 22. Februar 2012: http://www.vfa.de/de/presse/gutachten-studien (28.03.2012).

Danzon P, Wang YR, Wang L: The impact of price regulation on the launch delay of new drugs—evidence from twenty-five major markets in the 1990s. Health Econ 2005, 14(3):269–292.

Dieken, M.L. (2014): Therapieverbesserungen durch AMNOG – erreichen sie den Patienten?, in: Diskussionsforum Market Access & Health Economics, 5. November 2014.

Dierks, C. (2014): Bilanz AMNOG aus juristischer Sicht, in: Diskussionsforum Market Access & Health Economics, 5. November 2014.

Dietz, U. (2011): Der Preis folgt dem Nutzen. Anmerkungen zum Arzneimittelmarktneuordnungsgesetz (AMNOG), in: gpk – Gesellschaftspolitische Kommentare, 52. Jg., Sonderausgabe Nr. 1, Juli 2011, S. 40–50.

Dintsios, Ch. M. (2014): „Bad Governance" beim AMNOG – Gibt es empirische Anhaltspunkte aus den Verfahren zur frühen Nutzenbewertung?, Vortrag auf der Jahrestagung der dggö – Deutsche Gesellschaft für Gesundheitsökonomie am 18.3.2014 in München.

Ecker, T.; Ecker, C.; Pütz, C. (2015) (Hg.): Nutzenbewertung und Preisverhandlung von Arzneimitteln. Aktuelle Gesetze, Verordnungen, Vereinbarungen und Modulvorlagen, Stand 31.01.2015, Hamburg.

Fleischmann, J. (2012), Erfahrungen mit dem AMNOG aus Sicht von Janssen, Vortrag bei Bio.NRW, Vortragsfolien, S. 1–21.

Fischer, K. E.; Stargardt, T. (2014): Early Benefit Assessment of Pharmaceuticals in Germany: Manufacturers' Expectations versus the Federal Joint Committee's Decisions, in: Medical Decision Making, published online 22. August 2014, S. 1–18 und http://mdm.sagepub.com/content/early/2014/08/20/0272989X14546377.

Glaeske, G. (2011): Das AMNOG nach einem Jahr. Mehr Fragen als Antworten – mehr Preisbremse als Qualitätsmotor, in: IMPLICONplus – Gesundheitspolitische Analysen –, 11/2011, S. 1–14.

Greiner, W.; Witte, J. (2015): AMNOG-Report 2015. Nutzenbewertung von Arzneimitteln in Deutschland, Heidelberg 2015.

Hammerschmidt, T. (2014): Einflussgrößen auf das Ergebnis der Preisverhandlungen nach § 130b SGBV: Ein explorativer, statistischer Erklärungsansatz, Präsentation DGGÖ-Jahrestagung, 18. März 2014, München.

Hecken, J. (2014): Frühe Nutzenbewertung beim G-BA. Aktueller Stand und zukünftige Herausforderung, in: Diskussionsforum Market Access & Health Economics, 5. November 2014.

Henke, K.-D. (2014) (Hrsg.): Nutzen und Preise von Innovationen. Eine ökonomische Analyse zu den Verhandlungskriterien beim AMNOG.

Henke, K.-D. (2014): Wert und Preisermittlung bei Innovationen: Eine ökonomische Analyse zu den Verhandlungskriterien beim AMNOG – Von der Zulassung neuer Wirkstoffe (Arzneimittel) über die Nutzenbewertung zur Preisvereinbarung und Kostenerstattung –, Studie für den vfa-Verband Forschender Arzneimittelhersteller e. V., Mimeo, Berlin, 22. Mai 2014.

Kyle, M. K. (2007): Pharmaceutical Price Controls and Entry Strategies, in: Review of Economics and Statistics, Vol. 89, No. 1, S. 88–99.

May, U. (2014): AMNOG in der Praxis: Folgt der Preis tatsächlich dem Nutzen?, in: Welt der Krankenversicherung 5/2014, S. 115–117.

Pfäffli, P. (2009): Wertbasiertes Pricing, Versus Verlag, Zürich.

Rebscher, H. (2014): Frühe Nutzenbewertung ist etabliert: Welche Entwicklung muss folgen?, in: Diskussionsforum Market Access & Health Economics, 5. November 2014.

Rychlik, R.P.T. (2012): Innovationsfördernde Auswahl der zweckmäßigen Vergleichstherapie?, in: Gesundheitsökonomie und Qualitätsmanagement, 17. Jg., 2012, S. 212–218.

Schlander, M., Jäcker. A. und Völkl, M. (2013): Arzneimittelpreisregulierung nach dem Prinzip der Sozialen Marktwirtschaft. In: Pharmind – Die Pharmazeutische Industrie 3/2013, S. 384–389 und 4/2013, S. 589–594.

Stackelberg, J.-M. von (2014): Eine Zwischenbilanz des AMNOG aus Sicht des GKV-Spitzenverbandes, in: 19. Bad Orber Gespräche über kontroverse Themen im Gesundheitswesen. Verbesserung der Patientenversorgung durch Innovation und Qualität.

SVR-G – Sachverständigenrat zur Begutachtung der Entwicklung im Gesundheitswesen (2014): Bedarfsgerechte Versorgung – Perspektiven für ländliche Regionen und ausgewählte Leistungsbereiche, Gutachten 2014. http://www.SVR-Gutachten_2014_Langfassung.pdf.

Walzer, S. und Dröschel, D. (2013): Mischpreise im AMNOG, in: Market Access & Health Policy, 3/2014, Bonn, S. 23–25.

Wille, E. (2014): Wettbewerb in der Arzneimittelversorgung, in: Cassel, D./Jacobs, K./Vauth. C./Zerth, J. (Hrsg.): Solidarische Wettbewerbsordnung. Genese, Umsetzung und Perspektiven einer Konzeption zur wettbewerblichen Gestaltung der Gesetzlichen Krankenversicherung, Heidelberg 2014, S. 225–256.

Markus Frick und Jan Bungenstock

Problem AMNOG-Governance: Macht ohne Gewaltenteilung

1. Ausgangslage

Der Gesetzgeber hat mit dem Arzneimittelmarktneuordnungsgesetz (AMNOG) eine Neuregelung der Erstattungsbedingungen für innovative Arzneimittel vorgenommen. Eingeführt wurde ein zweistufiges Bewertungs- und Erstattungsverfahren: Zunächst werden Arzneimittel mit neuen Wirkstoffen innerhalb von sechs Monaten nach Markteinführung einer frühen Bewertung des Zusatznutzens durch den Gemeinsamen Bundesausschuss (G-BA), ggf. unter beratender Beteiligung des Instituts für Qualität und Wirtschaftlichkeit im Gesundheitswesen (IQWiG) unterzogen. Anschließend vereinbart der einzelne pharmazeutische Unternehmer innerhalb von weiteren sechs Monaten mit dem GKV-Spitzenverband für sein Produkt einen Erstattungsbetrag. Finden die Verhandlungsparteien zu keiner Einigung, legt eine Schiedsstelle den Erstattungsbetrag zwölf Monate nach der Markteinführung innerhalb von drei Monaten rückwirkend fest.

Inzwischen befinden sich die beim AMNOG beteiligten Akteure im fünften Jahr seit Inkrafttreten des Gesetzes. Seit Januar 2011 wurden ca. 150 Verfahren der frühen Nutzenbewertung gestartet, darunter die ersten Verfahren für neue Anwendungsgebiete bereits bewerteter Produkte. Etwa 120 Nutzenbewertungsverfahren sind bis heute abgeschlossen worden. In der zweiten AMNOG-Phase sind in über 75 Fällen Erstattungsbeträge bestimmt worden. Weitere Produkte wurden in das Festbetragssystem eingruppiert oder aber vom Hersteller vom deutschen Markt zurückgezogen.

2. Wahrnehmungen, Deutungen und Botschaften zum AMNOG

Folgt man den offiziellen Verlautbarungen der Selbstverwaltung, namentlich G-BA und GKV-Spitzenverband, so erscheint das AMNOG in bestem Lichte, weitgehend friktionsfrei.[1] Interessant ist, dass sich die zentrale Deutung – und mit ihr auch die mediale Rezeption – der AMNOG-Ergebnisse im zeitlichen Ablauf

---

[1] Siehe beispielsweise Gemeinsamer Bundesausschuss 2012a, Internet.

ändert: Während zunächst die Botschaft im Mittelpunkt stand, dass das AMNOG funktioniere (d. h. häufiger als erwartet sei ein Zusatznutzen gefunden worden), wird diese Botschaft nach erfolgter Etablierung tendenziell zurück genommen (d. h. ein Zusatznutzen sei meist nur von geringer Bedeutung). Dies spiegelt sich in der medialen Rezeption, die bei nahezu unveränderten Nutzenbewertungsergebnissen diese ganz unterschiedlichen Deutungen reflektiert (Beispiel in Abbildung 1): Während im Jahr 2012 bei SPIEGEL ONLINE noch ein „Neu-Medikamente besser als erwartet" getitelt wurde, hieß es zwei Jahre später: „Nur jedes fünfte Arzneimittel bringt mehr Nutzen".[2] Dabei lag das Verhältnis von Produkten mit vom G-BA zugesprochenem Zusatznutzen vs. Produkten ohne G-BA-Zusatznutzen bei 36 zu 64 (September 2012) und 41 zu 59 (Mai 2014) – schlechter zwar aber mehr oder weniger beständig. Der Grund lag schlicht darin, dass SPIEGEL ONLINE in seinem neueren Artikel allein auf Produkte mit beträchtlichem Zusatznutzen abstellte, obwohl natürlich auch ein vom G-BA testierter „geringer" oder „nicht quantifizierbarer" Zusatznutzen den Patientinnen und Patienten mehr Nutzen bietet.

Abbildung 1: Deutungsverschiebung zum AMNOG, Beispiel SPIEGEL ONLINE

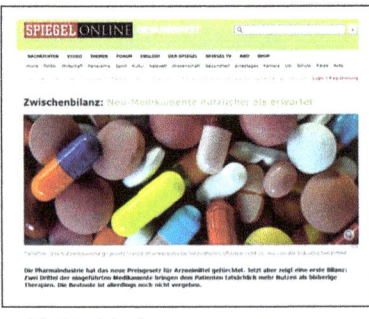

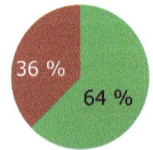
03.09.2012

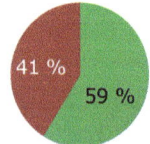
22.05.2014

Quelle: Spiegel Online 2012 sowie 2014, Internet, Daten: vfa.

---

2 Vgl. Spiegel Online 2012 sowie 2014, Internet.

Problem AMNOG-Governance: Macht ohne Gewaltenteilung   105

Wie groß ein solcher vom G-BA definierter geringer Zusatznutzen sein kann, zeigen beispielhaft zwei AMNOG-Bewertungen zu Wirkstoffen aus dem Bereich Onkologie bzw. der neuen oralen Antikoagulanzien (NOACs). Im erstgenannten Beispiel (Abbildung 2a) geht es um Lebensverlängerung bzw. Senkung der Mortalität. Mit Verweis auf Nebenwirkungen wurde dieser Zusatznutzen als lediglich „gering" eingestuft. Im zweiten Beispiel wird diese Tendenz noch deutlicher, weil eine Senkung der Sterblichkeit hier nicht durch ein mögliches Mehr an Nebenwirkungen erkauft wurde (Abbildung 2b). Hier führen positive Effekte in Bezug auf Gesamtmortalität, Schlaganfälle, Blutungen, unerwünschte Ereignisse [UE] und schwere unerwünschte Ereignisse [SUE]) trotz fehlender negativer Effekte ebenfalls lediglich zu einem geringen Zusatznutzen aus Sicht des G-BA.[3]

Abbildung 2: G-BA-Beschlüsse vom 29.03.2012 sowie vom 20.06.2013 als Beispiele für einen vom G-BA zugewiesenen geringen Zusatznutzen

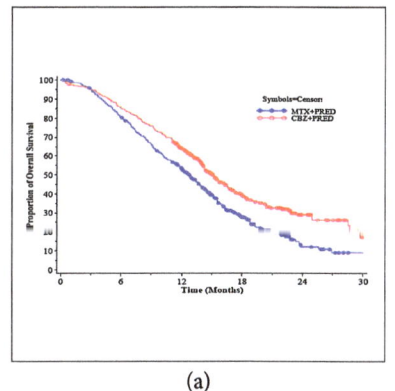
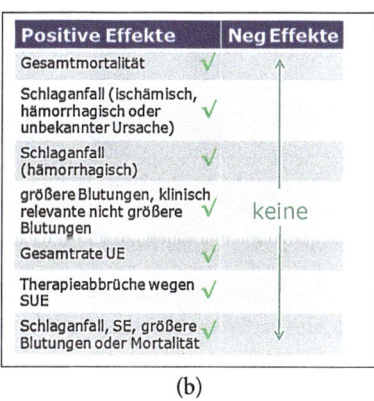

(a) (b)

Quellen: (a) Abbildung aus Institut für Qualität und Wirtschaftlichkeit im Gesundheitswesen 2012, S. 59, (b) Eigene Darstellung, Daten: Gemeinsamer Bundesausschuss 2013, S. 8–11.

Ein wiederholter Blick auf die zeitliche Entwicklung bei den relativen Häufigkeiten festgestellter Zusatznutzen zeigt indes in der Tat eine gewisse Tendenz, die nicht nur SPIEGEL ONLINE, sondern auch die pharmazeutische Industrie bedenklich stimmt (Abbildung 3). Es hat den ersten Anschein, als würden die Zuweisungsraten eines Zusatznutzens durch den G-BA im Zeitverlauf abnehmen. Ob sich dieser Trend bestätigt, wird sich allerdings erst nach weiterer Beobachtung zeigen. Es erscheint uns eher unwahrscheinlich, dass die realen

---

3 Vgl. Gemeinsamer Bundesausschuss 2012b sowie 2013, Internet.

Nutzencharakteristika der neuen Arzneimittel sich in einem solch kurzen Zeitraum in einem solchen Ausmaß verändert hätten. Bedauernswert sind die Folgen der restriktiven Bewertungspraxis des G-BA mit den bereits vorgenommenen Marktrücknahmen einzelner Produkte, die das AMNOG-Verfahren durchlaufen haben.

Abbildung 3: Anteil der G-BA-Beschlüsse ohne zuerkannten Zusatznutzen im Zeitablauf

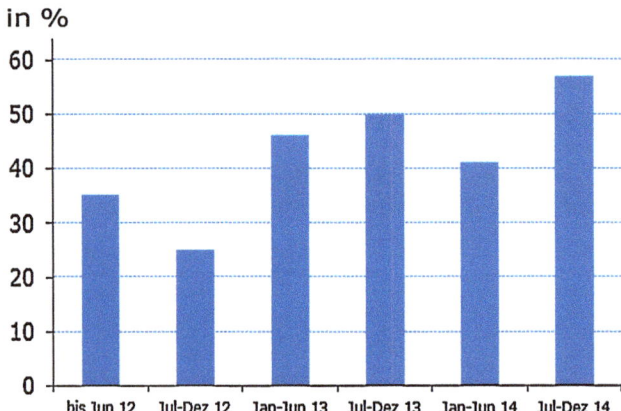

Quelle: vfa, Daten: Gemeinsamer Bundesausschuss.

Der GKV-Spitzenverband argumentiert hier über weiterhin verfügbare therapeutische Alternativen. Allerdings gilt auch hier die medizinische Grunderkenntnis, dass jeder Patient anders auf eine Therapie anspricht und insofern möglichst viele therapeutische Alternativen verfügbar sein sollten.[4] Außerdem ignoriert diese Argumentation die vorgebrachten Beschwerden von Fachgesellschaften bzw. Patientenorganisationen. So beklagt etwa Professor Elger, Direktor der Klinik für Epileptologie in Bonn, das AMNOG-bedingte Fehlen von zwei vielversprechenden neuen Arzneimitteln zur Therapie der Epilepsie.[5] In diesem Zusammenhang ist bemerkenswert, dass in der Folge der Marktrücknahme eines dieser beiden Produkte mehrere Mitgliedskassen des GKV-Spitzenverbands ankündigten, die Beschaffung des Produkts für ihre Patienten weiterhin auf dem Umwege des sog.

---

4 Siehe hierzu nur die Hinweise in dem ansonsten nicht mit vorwurfsvoller Kritik an der pharmazeutischen Industrie geizenden Buch von Goldacre, B. 2013, S. 102, 177 sowie 197.
5 Vgl. Schlolaut, M.-A. 2013, S. 3.

Einzelimports gemäß § 73 Abs. 3 Arzneimittelgesetz aus dem europäischen Ausland zu finanzieren.[6] Hier drängt sich die Frage auf, ob das Produkt tatsächlich keinen Zusatznutzen für die GKV hat wie vom G-BA behauptet, oder ob aus Sicht von betroffenen Patientinnen und Patienten in verschiedenen Mitgliedskassen des GKV-Spitzenverbands das Urteil des G-BA angezweifelt werden darf.

Mit anderen Worten: Die forschenden Pharmaunternehmen können sich der sehr positiven Zwischenbilanz, die Akteure der Selbstverwaltung nach vier Jahren AMNOG-Praxis ziehen, nicht anschließen. Weder läuft das Verfahren der frühen Nutzenbewertung noch das der Vereinbarung von Erstattungsbeträgen wirklich „rund". An vielen Stellen zeigen sich Probleme bei der Umsetzung des gesetzlichen Regelwerks und auch die inzwischen auf Drängen der Selbstverwaltung mehrfach geänderte Gesetzeslage hat überwiegend nachteilige Auswirkungen. Die gegenwärtige Macht- und Kompetenzverteilung (Governance-Defizit) bei der frühen Nutzenbewertung und der Erstattungsbetragsfestlegung ist dabei als Kernproblem des AMNOG anzusehen.

3. Das Governance-Defizit im AMNOG als Achillesferse des Verfahrens

Die Regelausgestaltung im AMNOG sieht derzeit keine klare Trennung von Bewertung, Beschlussfassung und Verhandlung vor. Über den Gemeinsamen Bundesausschuss ist der GKV-Spitzenverband als späterer Verhandlungsführer auf Kassenseite bereits vor dem Markteintritt eines innovativen Arzneimittels dabei, wenn die Bewertungsvorgaben in der frühen G-BA-Beratung vorbestimmt werden, er ist stimmberechtigt dabei, wenn über den Zusatznutzen des Produkts im G-BA beschlossen wird, und er führt anschließend aus einer Monopolstellung heraus die Erstattungsbetragsverhandlungen für alle Krankenversicherungen in der GKV und in der PKV. Der GKV-Spitzenverband vereinigt dabei die Hälfte der Stimmen der im G-BA vertretenen Interessengruppen, der sogenannten „Bänke" des G-BA auf sich. Zur Durchsetzung seiner Vorstellungen reicht es folglich, wenn einer der Leistungserbringer oder zwei der drei unparteiischen Mitglieder seine Position unterstützen. Es ist an dieser Stelle zu erwähnen, dass auch die Leistungserbringer unter den Bedingungen endlicher Ressourcen objektiv in einem Konkurrenzverhältnis zu den Arzneimittelausgaben stehen. Vor diesem Hintergrund ist es grundsätzlich problematisch, wenn der G-BA als „Parlament" der Selbstverwaltung weitgehende Regelungen nicht nur für die Selbst-

---

6 Vgl. AOK-Bundesverband 2012a, Internet.

verwaltung, sondern auch für Dritte trifft. Diese Regelungen meinen sowohl die Regelsetzung des gesamten Verfahrens durch die Verfahrensordnung des G-BA, als auch seine „Spruchpraxis" und selbstverständlich auch jeder einzelne Bewertungsbeschluss. Höchst problematisch ist dabei, dass der GKV-Spitzenverband als der spätere Verhandlungspartner des pharmazeutischen Unternehmers die höchst verhandlungsrelevante Bewertung des Zusatznutzens dank seiner dominanten Position im G-BA weitgehend mitbestimmen kann. Bildlich gesprochen ist der GKV-Spitzenverband damit als Regelgeber, Schiedsrichter und Spieler in den AMNOG-Prozess involviert. Wegen der fehlenden Gewaltenteilung ist institutionell nicht gewährleistet, dass eine angemessene Bewertung und Preisbildung für Arzneimittelinnovationen stattfindet. Empirische Hinweise für die tatsächliche Ausnutzung der so entstandenen übermächtigen Position des GKV-Spitzenverbands belegen den aus Sicht der pharmazeutischen Industrie insgesamt institutionell unbefriedigenden Prozess und das bestehende Governance-Defizit und sollen im folgenden Kapitel 4 beschrieben werden.

In allen modernen demokratischen Gesellschaften gilt heute als deren grundlegendes konstitutionelles Wesensprinzip das auf John Locke und Montesquieu zurückgehende Konzept der Gewaltenteilung, um Machtkonzentration, Machtmissbrauch und Willkür zu verhindern. Mit der US-amerikanischen Verfassung wurde hierzu erstmals das Konzept der „Checks and Balances" eingeführt und schließlich nicht nur in andere Länder, sondern etwa auch auf private Institutionen übertragen.[7] Von diesen Grundüberlegungen hat sich der Gesetzgeber im AMNOG-Gesetzgebungsprozess bedauerlicherweise nicht leiten lassen, obwohl ausgewählte Repräsentanten des Bundestages inzwischen sehr wohl anerkannt haben, dass auch die gesetzlichen Krankenkassen Interessen vertreten und nicht allein dem Allgemeinwohl verpflichtet sind.[8] Beobachter des deutschen Gesundheitssystems mit ordnungspolitischem und ökonomischem Hintergrund sehen die starke Position des GKV-Spitzenverbands beim AMNOG ebenfalls kritisch.[9] Die Ausnutzung von monopolistischer Marktmacht war bereits lange vor dem AMNOG Gegenstand der Analyse in der gesundheitsökonomischen Literatur. Dabei stellt sie sich dar als eine naheliegende Folge falscher Regulierungsentscheidungen.[10] Als Randbemerkung sei in diesem Kontext übrigens erlaubt

---

7   Vgl. Wikipedia 2015a, Internet.
8   Vgl. Gerechte Gesundheit 2012, Internet.
9   Siehe hierzu etwa Cassel, D. und A. Heigl 2013, S. 20–21, Greiner, W. und J. Witte 2015, S. 163, Henke, K.-D. 2014, S. 43–44, Ulrich V. 2015, S. 123–132, Wasem, J. 2013, S. 8.
10 Siehe nur Pauly, M. V. 1987, S. 73–81 und – auch für einen Literaturüberblick – Bungenstock, J. M. 2011, S. 133–171. Ökonomisch handelt es sich dabei präzise formuliert

anzumerken, dass die von Seiten des G-BA neu eingeführte Pflicht der Offenlegung von Interessenkonflikten bei Stellungnahmeberechtigten zeigt, dass auch dem G-BA bewusst ist, dass solch weitreichende Entscheidungen auf neutraler Grundlage erfolgen sollten.[11] Umso erstaunlicher wirkt es, wenn lediglich die Neutralität der Stellungnahmeberechtigten als wichtig erachtet wird, während die Entscheider mit Ausnahme des unabhängigen Vorsitzenden institutionelle Interessensvertreter sind.

4. Empirische Analyse: G-BA-Bewertungen zum Zusatznutzen, Berücksichtigung von Studien, Zerlegung in Untergruppen, Auswahl der zweckmäßigen Vergleichstherapie, Erstattungsbeträge

Eine Auswertung aller vorliegenden Nutzenbewertungsbeschlüsse des G-BA ergibt das folgende Bild (vgl. Abbildung 4): Der G-BA attestierte der Mehrzahl der bewerteten Arzneimittel mit neuen Wirkstoffen einen Zusatznutzen (etwa 53 Prozent). Zu beachten ist allerdings, dass die Beschlüsse häufig in Subpopulationen aufgeteilt werden (vgl. Abbildung 5). Somit wurde der Zusatznutzen regelmäßig nur in Teilen eines Anwendungsgebietes beschieden. Dies zeigt eine Auswertung auf Subgruppenebene. Auf der Ebene der insgesamt bewerteten Subgruppen sah der G-BA nur in etwa 36 Prozent der Fälle einen Zusatznutzen. Für die anschließenden Erstattungsbetragsverhandlungen ist vor allem eine dritte Auswertungsebene relevant: die Gewichtung der Subgruppen nach Anzahl möglicher Patienten. Da ein „Mischpreis" für alle potenziellen Patienten verhandelt wird, liegt es verhandlungstaktisch betrachtet im Interesse des GKV-Spitzenverbands, einem Produkt für möglichst große Anteile der Zielpopulationen einen möglichst geringen, bestenfalls gar keinen Zusatznutzen jeweils gegenüber einer möglichst billigen „zweckmäßigen Vergleichstherapie" zuzusprechen. Der Zusatznutzen in Abhängigkeit der Größe der potenziellen Zielpopulation ist in diesem Sinne

---

nicht um ein Monopol auf Seiten des GKV-Spitzenverbands, sondern um ein Monopson. Der Begriff Nachfrage-Monopol ist in seiner griechischen Übersetzung sinnfrei (die Autoren danken C.-M. Dintsios für diesen richtigen Hinweis), wird allerdings häufig synonym verwendet (siehe hierzu Wikipedia 2015b, Internet). Als besonders problematisch erweist sich dabei die Möglichkeit des Trittbrettfahrens, welches als internationales Gefangenendilemma bei der Bereitstellung von Arzneimittelinnovationen angesehen werden kann. Siehe hierzu Breyer et al. 2013, S. 501, sowie Scott Morton, F. und M. Kyle 2011, S. 791–792.

11 Vgl. Gemeinsamer Bundesausschuss 2014, Internet.

für die GKV budgetrelevant und insofern ein wichtiger Verhandlungsparameter. Gerade auf dieser Ebene erweist sich die Bewertungspraxis des G-BA allerdings als sehr restriktiv: In den bisher abgeschlossenen Verfahren sprach der G-BA nur für unter 20 Prozent der populationsgewichteten Subgruppen einen Zusatznutzen aus.

Zu beachten ist auch die im internationalen Vergleich in Deutschland sehr detailreich und damit komplex gestaltete Zusatznutzenbewertung. Neben der Unterscheidung nach Anwendungsgebiet und Subpopulation wird das Bewertungsergebnis zusätzlich getrennt für jede Subgruppe nach „Ausmaß des Zusatznutzens" und „Wahrscheinlichkeit der Aussage" differenziert.[12] Bei einer Auswertung nach vergebenen Kategorien wird ersichtlich, dass der G-BA, wenn er für eine Subpopulation einen Zusatznutzen sieht, diesen eher niedrig einstuft: Die Kategorie „gering" wird am häufigsten vergeben, die Einstufung „beträchtlich" deutlich seltener. Die Ausmaßkategorie „erheblich", die beste Note im Ranking, wurde in den Jahren 2011 bis 2014 nicht ein einziges Mal vergeben.[13] Die Zerlegung einer Zielpopulation im Rahmen von Subgruppenanalysen zur Identifikation von potenziellen Effektmodifikatoren gehört indes zu einem regelmäßig diskutierten methodischen Problemfeld.[14] Das dabei praktizierte formal-abstrakte Vorgehen ist auch aufgrund eines hohen Fehlerpotenzials überaus kritisch zu sehen.[15]

---

12 Die Grundlagen für diese Klassifizierung finden sich in der Arzneimittel-Nutzenbewertungsverordnung, die der G-BA in seiner Verfahrensordnung weiter spezifiziert hat.
13 Bei Propranolol (Hemangiol®) hat der G-BA am 19. Februar 2015 erstmals nach vier Jahren AMNOG für eine der drei vom G-BA identifizierten Subgruppen einen Hinweis auf einen erheblichen Zusatznutzen beschlossen, was diesem sogar eine Pressemitteilung wert war. Vgl. Gemeinsamer Bundesausschuss 2015, Internet.
14 Vgl. Rasch, A. und C.-M. Dintsios 2015, im Druck.
15 Vgl. Institut für Qualität und Wirtschaftlichkeit im Gesundheitswesen 2013, S. 123–124, Rothwell, P. M. 2005 sowie auch Sleight, P. 2000.

Problem AMNOG-Governance: Macht ohne Gewaltenteilung 111

Abbildung 4: Zusatznutzen bewerteter Arzneimittel (Verfahren, Subgruppen, Zielpopulationen)

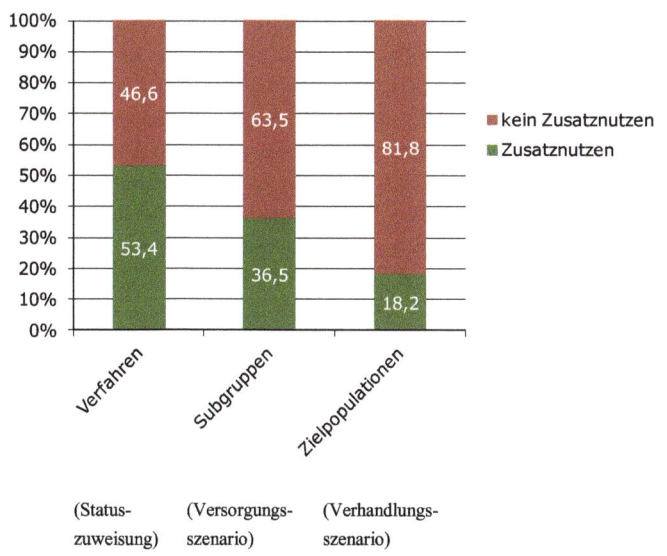

Quelle: vfa, Datenbasis: Datenbasis: G-BA-Beschlüsse zu 103 abgeschlossenen Verfahren mit 208 Subpopulationen, 18.02.2015.

Abbildung 5: Häufige Aufteilung der Anwendungsgebiete in der AMNOG-Bewertung

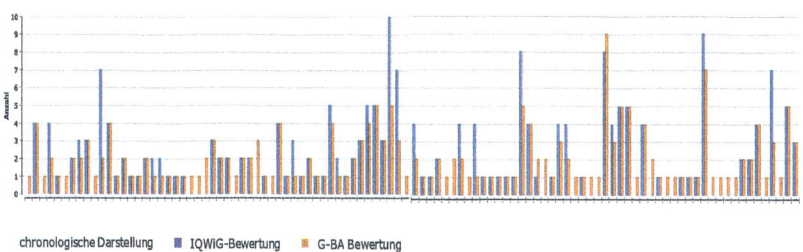

Quelle: vfa, Datenbasis: Datenbasis: G-BA-Beschlüsse zu 103 abgeschlossenen Verfahren mit 208 Subpopulationen, 18.02.2015.

Hinzu kommt, dass sich die zahlreichen negativen Beschlüsse des G-BA überwiegend nicht aus einer Studienauswertung ergeben, sondern aufgrund von Inkongruenzen zwischen den Bewertungsmaßstäben des G-BA und der bestverfügbaren Evidenz nach der Zulassung (wissenschaftliche Erkenntnisse aus Studien). Eingereichte Studien werden in vielen Fällen von vorneherein als nicht bewertungsrelevant eingestuft, so dass kein Zusatznutzen aus quasi formalen Gründen festgestellt wird, ohne dass die Studien im Einzelnen betrachtet werden. Analysiert man die Beschlüsse ohne Zusatznutzen, so zeigt sich, dass in mehr als der Hälfte der Fälle die verfügbare Evidenz gar nicht ausgewertet worden ist. Bei einer Betrachtung von negativ bewerteten Subgruppen steigt dieser Anteil nochmals signifikant an (Abbildung 6). Fast immer lagen zwar randomisiert-kontrollierte (Zulassungs-)Studien vor, doch der G-BA sah Abweichungen in der verwendeten zweckmäßigen Vergleichstherapie (auch nur mit Blick auf die Dosierung oder das Titrationsmuster), im Therapieregime oder in der untersuchten Population, die zum „formalen Scheitern" des Produkts in der frühen Nutzenbewertung führten. Im Ergebnis stellt sich die frühe Nutzenbewertung des AMNOG bislang als wenig innovationsfreundlich und nährt die Befürchtung, dass vielen Produkten aus eher formalen Gründen kein Zusatznutzen zugesprochen wird. Die Bewertungsmaßstäbe und die Evidenzanforderungen des G-BA – im Zusammenspiel mit dem IQWiG – sind teilweise realitätsfremd und können in der Praxis oft kaum erfüllt werden.

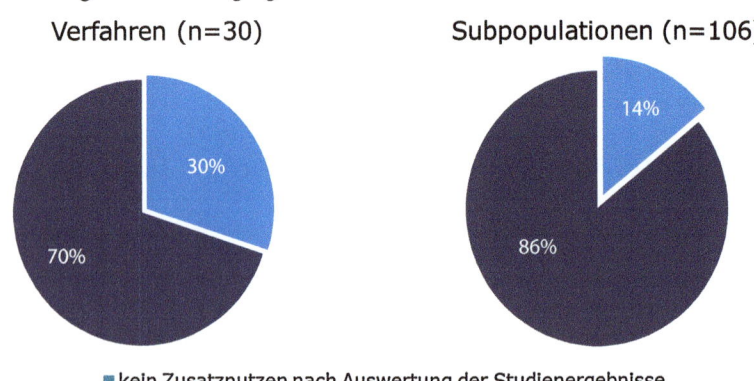

Abbildung 6: Berücksichtigung der Evidenz bei Beschlüssen ohne Zusatznutzen

Quelle: vfa. Datenbasis: Tragende Gründe zu G-BA Beschlüssen zu abgeschlossenen Verfahren mit vollständigem Dossier, Stand: 29.01.2015 (ohne Zusatznutzen bewertet: 30 Verfahren und 106 Subpopulationen, ohne Erstverfahren bei Verfahrenswiederholungen).

Eine weitere empirische Erkenntnis bei der Auswertung der vorliegenden Daten zu G-BA-Beschlüssen wird gewonnen, wenn die Auswahl der zweckmäßigen Vergleichstherapie nach Kategorien unterteilt wird. Bekanntlich ist die zweckmäßige Vergleichstherapie eine zentrale Stellschraube im gesamten AMNOG-Verfahren:

Sie ist der Komparator, gegenüber dem der pharmazeutische Unternehmer den Zusatznutzen seines Medikaments nachweisen muss, und sie wird vom G-BA festgelegt. Im Anschluss an die Nutzenbewertung verwendet der GKV-Spitzenverband die zweckmäßige Vergleichstherapie, die er zuvor im G-BA selbst mitbestimmt hat, zudem als Hauptkriterium in den Verhandlungen über einen Erstattungsbetrag.[16] Das Fehlsteuerungspotential an dieser zentralen Stellschraube hatte der Gesetzgeber bereits erkannt und wollte mit einer Klarstellung im Rahmen des 3. AMG-Änderungsgesetzes im Sommer 2013 die Auswahl der zweckmäßigen Vergleichstherapie sachgerechter regeln. Es wurde dabei festgelegt, dass die Auswahl der Komparatoren allein nach medizinischen Kriterien erfolgen muss und nicht auch nach wirtschaftlichen Erwägungen. Zudem wurde dem G-BA die Möglichkeit eingeräumt, sofern medizinisch sinnvoll, mehrere Komparatoren vorzugeben, gegenüber denen der Hersteller den Zusatznutzen seines Arzneimittels nachweisen kann.[17] Leider hat diese Adjustierung in der Praxis des G-BA nicht zu spürbaren Veränderungen geführt: Weiterhin gibt es etwa in jedem vierten Verfahren negative Zusatznutzenbeschlüsse des G-BA aus formalen Gründen. Und weiterhin werden bei einem großen Teil der Subgruppen kostengünstige Vergleichstherapien (z. B. Generika oder „best supportive care") benannt, die vor allem mit Blick auf die anschließenden Erstattungsbetragsverhandlungen für den GKV-Spitzenverband von Interesse sind (Abbildung 7).

Abbildung 7: Auswahl der zweckmäßigen Vergleichstherapie

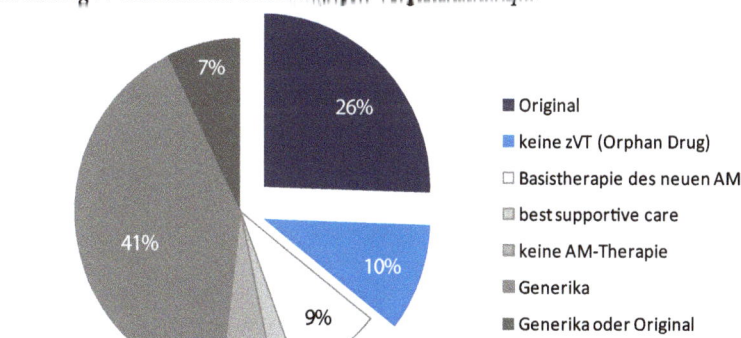

Quelle: vfa. Datenbasis: Angaben des G-BA zu 208 Subpopulationen aus 103 abgeschlossenen Verfahren. Stand: 05.02.2015.

---

16 Vgl. Stackelberg, J.-M. und A. Tebinka-Olbrich 2015, S. 110–111.
17 Vgl. Deutscher Bundestag 2013, S. 24.

Vor dem Hintergrund der eben beschriebenen empirischen Erkenntnisse aus der ersten Phase des AMNOG und in Kenntnis der dem GKV-Spitzenverband übertragenen Machtposition erstaunt es kaum – wiewohl es die forschenden Pharma-Unternehmen mit Sorge und Unverständnis erfüllt –, welche Ergebnisse sich in der zweiten Phase des AMNOG, d. h. bei den Verhandlungen über einen Erstattungsbetrag einstellen.

Bei den bis Dezember 2014 bestimmten Erstattungsbeträgen finden sich 82 Prozent der AMNOG-Produkte auf einem Erstattungsniveau wieder, das unterhalb des europäischen zu verorten ist. Ganze 38 Prozent der Arzneimittel liegen sogar am untersten europäischen Niveau (Abbildung 8). Außerdem wurden bis dato zwölf Produkte vom deutschen Markt zurück gezogen (15 Prozent von derzeit insgesamt 77 Erstattungsbeträgen). Vor diesem Hintergrund ist es scheinbar irritierend, dass die überwiegende Zahl der Erstattungsbeträge auf dem Verhandlungswege bestimmt wurden, während die Schiedsstelle nur in 9 von insgesamt 77 Fällen angerufen wurde und bei diesen Schiedsverfahren teilweise noch nachträglich einvernehmliche Vereinbarungen getroffen wurden. Allerdings ist dabei zu bedenken, dass sich die Schiedsstelle bisher stark an der Normauslegung des GKV-Spitzenverbandes orientiert und sich der pharmazeutische Unternehmer somit vor der Schiedsstelle kaum bessere Ergebnisse ausrechnen kann. Insofern ist die Verhandlungslösung immer mit Blick auf den möglichen Ausgang eines Schiedsverfahrens zu sehen. Die Zahl der Vertragsabschlüsse an sich, die gerne als Erfolgsmeldung gewertet wird, sagt daher wenig über die Tragfähigkeit und Ausgewogenheit der gefundenen Ergebnisse aus.

Abbildung 8: Erstattungsniveau in Deutschland seit AMNOG unter europäischem Durchschnitt

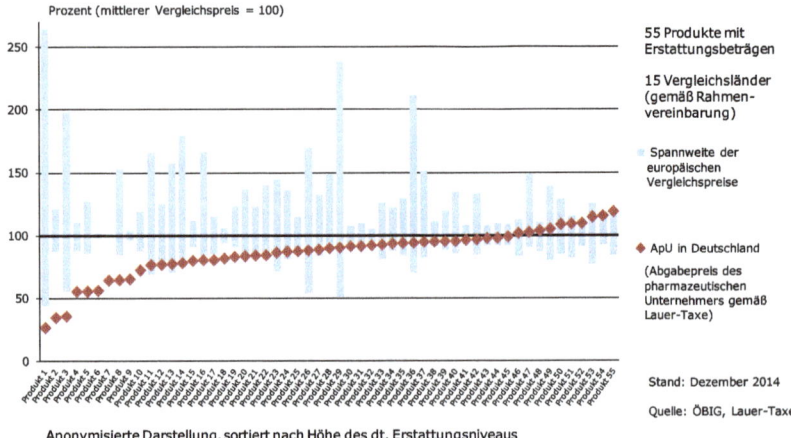

Quelle: vfa. Datenquelle: ÖBIG, Lauer-Taxe.

Mit Blick auf das europäische Erstattungsniveau lohnt sich ein Blick zurück in die Gesetzesbegründung zum AMNOG. Dort wurde angenommen, dass durch die AMNOG-Regulierung eine Angleichung deutscher Erstattungsbeträge an den europäischen Durchschnitt erfolgen werde.[18] Stattdessen ist Deutschland zum Niedrigpreisland im europäischen Vergleich geworden. Gelegentlich wird dieses Auswertungsergebnis mit dem Argument in Frage gestellt, ein Listenpreisvergleich verbiete sich vor dem Hintergrund vertraulicher Rabatte in anderen europäischen Ländern. Dieser Einwand ist jedoch aus mehreren Gründen nicht überzeugend: Zum einen ist die Einführung des AMNOG unter anderem mit Verweis auf das hohe Erstattungsniveau in Deutschland im Vergleich zu demjenigen in europäischen Nachbarländern begründet worden. Die Analyse zeigt also schlicht, dass das politische Ziel der Preisanpassung an das europäische Niveau mehr als erfüllt wurde. Zum zweiten kennt auch das deutsche Gesundheitssystem vertrauliche, individuell vereinbarte Rabatte, die niemandem außer den Rabattvertragspartnern bekannt sind. Eine solche Vertraulichkeit ist sowohl bei Rabattverträgen als auch im Ausland zum gegenseitigen Vorteil aller Beteiligten intendiert. Das Auswertungsergebnis wird im Übrigen durch weitere empirische Beobachtungen beim Parallelhandel belegt. Erstens gelingt es Parallelhändlern kaum noch, AMNOG-Produkte im Ausland günstiger zu erwerben. Bei vielen AMNOG-Produkten findet gar kein Parallelimport mehr statt. Insgesamt wird das GKV-System für parallelimportierte AMNOG-Produkte sogar zusätzlich zur Kasse gebeten, weil relativ zu teure Parallelimporte gehäuft abgegeben werden.[19] Außerdem zeigt sich, dass kein Einziges der zwölf nicht mehr am deutschen Markt verfügbaren AMNOG-Produkte von einem Parallelimporteur in Deutschland vertrieben wird.[20] Stattdessen gibt es vielmehr erste Indizien für eine Trendumkehr beim Parallelhandel.[21] Diesem Trend folgend werden Parallelhändler durch niedrigste Erstattungsbeträge in Deutschland in der Zukunft zunehmend Export aus Deutschland heraus in das europäische Ausland betreiben. Damit wird zum Einen die Versorgung der Patienten mit innovativen AMNOG-Arzneimitteln in Deutschland potenziell gefährdet. Zum Anderen profitiert das Ausland via Export durch Parallelhändler von den AMNOG-Rabatten.

Auch vor dem Hintergrund der internationalen Preisreferenzierung ist das im europäischen Vergleich unterdurchschnittliche Erstattungsniveau mit Blick auf die Versorgung besorgniserregend. Internationale Preisreferenzierung ist eine typische

---

18 Vgl. Deutscher Bundestag 2010, S. 38.
19 Analyse von INSIGHT Health für den vfa.
20 Quelle: Lauer-Taxe, Datenstand 01.02.2015.
21 Vgl. Scholz, F. et al. 2014, S. 17–20.

Trittbrettfahrer-Regulierung im Arzneimittelmarkt und birgt die Gefahr europaweiter Verwerfungen in der Arzneimittelversorgung. Wenn der pharmazeutische Unternehmer regelmäßig in neuerliche Verhandlungen mit dem GKV-Spitzenverband eintritt, kann der Preis der referenzierenden Länder wiederum Grundlage für den deutschen Erstattungsbetrag werden. Auf diese Weise wird ein folgenschwerer Kellertreppeneffekt ausgelöst: Die Preisregulierung des europäischen Auslands wird nach Deutschland importiert und anschließend wieder in das referenzierende Ausland exportiert.[22] Dass der resultierende Erstattungsbetrag dann weder den Zusatznutzen reflektiert, noch „fair" oder funktional ist, bedarf keiner weiteren Erklärung.

Im Hinblick auf die Verordnungszahlen bei ausgewählten AMNOG-Produkten zeigt sich ein dramatisches Bild. Auswertungen des IGES-Instituts im Arzneimittel-Atlas 2014 zeigen auf, dass innovative Arzneimittel trotz attestiertem Zusatznutzen nur zögerlich im Versorgungsalltag eingesetzt werden. Dargestellt sind in Abbildung 9 ausschließlich solche AMNOG-Produkte, bei denen es keine Überschneidung in der Zielpopulation mit anderen Wirkstoffen gibt und für die 2013 keine Verbrauchssteigerung durch Zulassung eines neuen Anwendungsgebiets entstanden ist. Alle Produkte haben gemeinsam, dass sie in deutlich weniger als der vom G-BA definierten Zielpopulation in der GKV zum Einsatz kommen, obwohl der G-BA ihnen einen Zusatznutzen zugesprochen hat. Die Verbesserung der Versorgungsqualität als eine der wesentlichen Zielsetzungen des AMNOG wird damit verfehlt.

Abbildung 9: Ausschöpfung des Zusatznutzens – Anteil am zu erwartenden Verbrauch (Zielpopulation G-BA) in Prozent

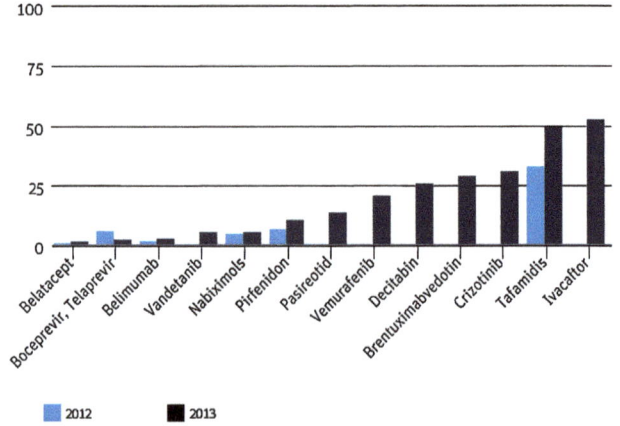

Eigene Darstellung nach: Häussler, B. et al. 2014, S. 412.

---

22 Siehe hierzu auch Seiter, A. 2010, S. 158 sowie Danzon, P. M. 2008.

Die Daten deuten darauf hin, dass die Ärzteschaft nach wie vor nicht vom Kontroll- und Regressdruck bei der Verordnung von innovativen Arzneimitteln, die das AMNOG durchlaufen haben, befreit ist. Entgegen der ursprünglichen Intention, die Ärzteschaft zu entlasten, werden die Beschränkungen für die Ärzteschaft durch die Aktivitäten einiger Kassenärztlicher Vereinigungen und Krankenkassen sogar verschärft.[23] Hinzu kommt, dass die gesetzliche „Soll-Vorgabe", bundesweite Praxisbesonderheiten für AMNOG-Produkte zu vereinbaren, keine Beachtung findet. Eigenwillig erscheint die Interpretation, Schwierigkeiten und Spannungen in der AMNOG-Umsetzung seien der Tatsache geschuldet, dass der pharmazeutische Unternehmer seine Zulassung nicht teilweise zurückgebe.[24] Bei einem Produkt mit zwei Anwendungsgebieten mit jeweils gleichen Patientenzahlen je Indikation und einer durch die Verhandlungspartner durchgeführten monetären Übersetzung des Zusatznutzens in einerseits 10 und andererseits 90 Euro ergibt sich zwingend ein produktbezogener Erstattungsbetrag von 50 Euro. Jede Verordnung in der Indikation mit niedrigem Zusatznutzen mag zwar für sich verhältnismäßig zu teuer erscheinen (10 vs. 50 Euro), sie subventioniert jedoch zugleich jede verhältnismäßig zu günstige Verordnung in der Indikation mit relativ hohem Zusatznutzen (90 vs. 50 Euro), weil das AMNOG keine indikationenbasierten oder subgruppenspezifischen Erstattungsbeträge kennt.[25]

Als Fazit lässt sich somit konstatieren: Die verschiedenen empirischen Erkenntnisse aus dem zweiten Teil des AMNOG (Höhe der Erstattungsbeträge im internationalen Vergleich, Entwicklungen beim Parallelhandel) zeigen die dominante Verhandlungsposition des GKV-Spitzenverbandes in dem gesamten Verfahren auf. Diese Praxis wirkt mittel- und langfristig als Innovationsbremse und damit als Hemmnis einer verbesserten Gesundheitsversorgung. Folge

---

23 Beispielsweise schreibt die Kassenärztliche Vereinigung Bayern 2014, S. 1: „Zur Erreichung einer bedarfsgerechten, qualifizierten und wirtschaftlichen Arzneimittelversorgung sollen Sie grundsätzlich (…) bei Arzneimitteln, die die frühe Nutzenbewertung durchlaufen haben und bei denen der Gemeinsame Bundesausschuss einen Zusatznutzen festgestellt hat, diese nur in den Anwendungsgebieten mit Zusatznutzen verordnen, (…)."
24 Vgl. Haas, A. 2014, S. 12.
25 Eine solche Differenzierung könnte aus ökonomischer Sicht ebenfalls denkbar sein. Siehe hierzu Neubauer et al. 2013. Die Rückgabe der Zulassung (vgl. Haas, A. 2014, S. 12) oder gar ein Verordnungsausschluss von Teilindikationen – wie es der GKV-Spitzenverband bei seiner Pressekonferenz am 23. Januar 2015 gefordert hat (vgl. GKV-Spitzenverband 2014b, Internet) – ist es nicht. Eine solche Regulierung käme einer patientenindividuellen Vorenthaltung einer medizinisch wirksamen Alternative gleich (m.a.W.: Rationierung).

der Governance-Problematik, die sich in fehlenden Checks und Balances ausdrückt, ist insbesondere das inzwischen niedrigste Erstattungsniveau in Europa. Ein kurzfristiges Hemmnis einer solchen Verbesserung zeigt sich auch in den nachgelagerten Hürden bei der Verordnung von AMNOG-Produkten, die allein aufgrund des Verfahrensergebnisses als wirtschaftlich gelten und nachgelagert nicht ausgebremst werden sollten.

5. Lösungsansätze für eine nachhaltige Weiterentwicklung des AMNOG: Anpassung der Strukturen zur Überwindung der Governance-Defizits

Die forschenden Pharma-Unternehmen haben mit einem Erfahrungsbericht bereits zahlreiche Optimierungsbedarfe beim AMNOG detailliert und umfänglich dargestellt.[26] An dieser Stelle sollen insbesondere die strukturellen Lösungsansätze für eine zielgerichtete Überwindung des wohl drängendsten Governance-Defizits beim AMNOG aufgezeigt werden. Für die Überwindung dieses Governance-Defizits braucht es – um in der Sprache der US-amerikanischen Verfassung zu bleiben – aus Sicht der forschenden Arzneimittelhersteller zusätzlicher „Checks and Balances". Diese sind einerseits im Bereich der ersten AMNOG-Phase (Nutzenbewertung) die notwendige tatsächliche Beteiligung der Zulassungsbehörden und medizinischen Fachgesellschaften sowie ein kontinuierlicher Dialog über die methodischen Anforderungen des G-BA, ferner die Möglichkeit der frühzeitigen gerichtlichen Überprüfung des G-BA-Beschlusses, wie sie auch von der AMNOG-Schiedsstelle angeregt wurde. Andererseits bedarf es gesetzlicher Änderungen in der zweiten Phase des AMNOG bei der Bestimmung von Erstattungsbeträgen: Neben einer Richtigstellung bei den ökonomisch geeigneten Verhandlungsmaßstäben gilt es, die negativen internationalen Ausstrahleffekte des AMNOG zu vermeiden, dezentrale Verträge als echte Alternative zum AMNOG zu etablieren und die Wirtschaftlichkeit der verhandelten Erstattungsbeträge zu akzeptieren.[27]

Die Notwendigkeit einer tatsächlichen Beteiligung der Zulassungsbehörden und medizinischen Fachgesellschaften leitet sich direkt aus dem oben dargestellten Umstand ab, dass insbesondere die Nicht-Berücksichtigung vorhandener Zulassungsstudien und die nachträgliche Subgruppenbildung („Slicing") seitens

---

26 Vgl. vfa. Die forschenden Pharma-Unternehmen 2014.
27 Eine Unwirtschaftlichkeitsvermutung für innovative Arzneimittel, die bereits vor dem 1. Januar 2011 auf den Markt gekommen sind, ist in diesem Zusammenhang allerdings fehl am Platze, d. h. auch diese Produkte können selbstverständlich wirtschaftlich sein.

des G-BA häufig zu einer Nichtzuerkennung von Zusatznutzen führt. Der Sachverstand der Zulassungsbehörden und der medizinischen Fachgesellschaften wird dabei nur unzureichend genutzt. Eine starke „Stimme der Wissenschaft" im G-BA könnte die Expertise bei der frühen Nutzenbewertung verbreitern und die Kostendämpfungsperspektive des GKV-Spitzenverbandes relativieren („Balance"). Experten aus Zulassungsbehörden (BfArM, PEI) und medizinischen Fachkreisen (AWMF, betroffene Fachgesellschaften) könnten auf einer Wissenschaftsbank in dem relevanten G-BA-Arbeitsgremium bei allen AMNOG-Entscheidungen direkt beteiligt werden und somit verfahrenstechnische Komplikationen für das AMNOG frühzeitig vermeiden helfen.

Auch die fehlende Klagemöglichkeit zu einem frühen Zeitpunkt sorgt für unnötigen Aufwand bei allen Beteiligten.[28] Gegenwärtig kann die Überprüfung von Entscheidungen regelmäßig erst nach Abschluss eines Schiedsverfahrens – also 15 Monate nach dem produktbezogenen Start des AMNOG – eingeleitet werden. Ein frühzeitiger „Check" in Form einer Klage nicht erst nach AMNOG-Schiedsspruch, sondern bereits nach einem G-BA-Beschluss könnte frühzeitiger im Verfahren Rechtssicherheit und -klarheit herstellen. Die derzeitige massive Einschränkung des Rechtsschutzes für pharmazeutische Unternehmer ist sachlich unbegründet und unverhältnismäßig, zumal eine frühe Rechtsschutzoption nicht zwingend eine aufschiebende Wirkung haben müsste und der AMNOG-Prozess insoweit ohne zeitliche Verzögerung weiterlaufen könnte.

Ein wesentlicher und dringend reformbedürftiger Aspekt ist die vom GKV-Spitzenverband selbst vorgebrachte „Doppelnutzung" der vom G-BA festgelegten zweckmäßigen Vergleichstherapie(n) als Nutzenreferenz in der Bewertung und gleichzeitig als Preisreferenz in der Verhandlung. Wie die empirische Analyse in Kapitel 4 zeigt, handelt es sich in der überwiegenden Zahl der Fälle um eine generische zweckmäßige Vergleichstherapie oder eine andere nicht mehr dem Patentschutz unterfallende Maßnahme (Abbildung 7). Aus medizinischer Sicht spricht für die Feststellung des Zusatznutzens nichts gegen einen Vergleich mit einer generischen Therapie. Allerdings verbietet sich aus ökonomischer Sicht die Findung eines Erstattungsbetrags auf Basis von Kosten einer generischen Therapie: Eine generische Therapie kann allein zu Produktionskosten angeboten werden, wohingegen eine innovative Therapie ihre Forschungs- und Entwicklungskosten amortisieren muss.[29] Eine Preisbildung nach Maßgabe einer billigen

---

28 Siehe in diesem Kontext die Ausführungen des Einzelsachverständigen Richter Martin Laurisch im Anhörungsverfahren zum 14. SGB V-Änderungsgesetz (Deutscher Bundestag – Ausschuss für Gesundheit 2014, S. 9).
29 Vgl. Breyer, F. et al. 2013, S. 499–500, Danzon, P. 1997.

Vergleichstherapie setzt mithin keinen Anreiz für Arzneimittelinnovationen. Sie benachteiligt sogar gerade die Indikationen, in denen lange kein therapeutischer Fortschritt erfolgt ist und wegen Patentablauf nur noch generisches Preisniveau herrscht. Im Extremfall liegt die Kostenbasis nach dieser Logik nahezu bei null, nämlich dann, wenn es bislang gar keine Therapie gibt. Ausgerechnet die Solisten, die das AMNOG besonders fördern soll, würden hier systematisch „bestraft" werden. Der Gesetzgeber muss deshalb über einen weiteren „Check" eine klare Trennlinie zwischen der medizinischen Nutzenbewertung und dem anschließenden Verhandlungsverfahren schaffen, um den Fehlanreiz seitens der Selbstverwaltung abzubauen, der sich aus der Möglichkeit ergibt, in der Nutzenbewertung billige Komparatoren zu benennen. Der Preis eines Generikums ist auch im Vergleich zu den weiteren derzeitigen AMNOG-Verhandlungsmaßstäben nach der Rahmenvereinbarung in ökonomischer Perspektive der relativ schlechteste Indikator für einen fairen Erstattungsbetrag entsprechend der gesellschaftlichen Zahlungsbereitschaft für eine Arzneimittelinnovation.[30]

Ein weiteres regulatorisches Korrektiv ist auf der Ebene der verhandelnden Institutionen anzusiedeln. Dort hat der GKV-Spitzenverband derzeit wie beschrieben eine erhebliche Monopolmacht. Die tatsächliche Ausnutzung dieser Marktmacht wird durch die empirischen Erkenntnisse aus Kapitel 4 sichtbar: Das niedrigste Erstattungsniveau in Europa und die zurückgezogenen Produkte zeigen dies auf. Als regulatorische Alternative könnte hier ein zusätzlicher „Check" im AMNOG etabliert werden. Hierfür bedarf es echter Spielräume für dezentrale Verhandlungen mit einzelnen Krankenkassen im Sinne einer Aufwertung selektiver Erstattungsverträge. Einzelkassen sollte die Möglichkeit gegeben werden, mit pharmazeutischen Unternehmern frühzeitiger, parallel zum oder auch nach den Verhandlungen mit dem Spitzenverband individuelle Vereinbarungen zur Erstattung und Versorgung zu treffen. Theoretisch können zwar bereits im regulatorischen Status quo individuelle Verträge mit Einzelkassen geschlossen werden. Weil jedoch der GKV-Spitzenverband bereits vorneweg den Rabatt maximiert, verbleibt in der Regel kein Spielraum für kassenindividuelle Verträge. Dies gilt insbesondere für Produkte, die wegen des AMNOG vom deutschen Markt zurückgezogen werden mussten. Solche Produkte können aus regulatorischen Gründen derzeit allein auf dem Wege des Einzelimports aus dem europäischen Ausland zur Verfügung gestellt werden. Dieses Verfahren ist jedoch bürokratisch aufwendig, damit teuer und hinsichtlich seiner Finanzierung für alle Beteiligten (Arzt, Apotheke, Patient) mit Unsicherheit behaftet. Nicht nur im Generika-Markt, sondern

---

30 Siehe hierzu ausführlich Henke, K.-D., 2014.

auch bei Originalarzneimitteln können Einzelkassen im Hinblick auf die Versorgungsinteressen ihrer Versicherten über Vertragshandeln schneller, flexibler und effizienter agieren als der bürokratisch und sozialrechtlich dogmatisch auftretende GKV-Spitzenverband. Als Beleg hierfür kann der jüngst im AMNOG-Verfahren verhandelte Fall des Wirkstoffs Sofosbuvir herhalten. Hier hatten mehrere große Versorgerkassen bereits im ersten Jahr Verträge ausgehandelt.[31] Solche im regulatorischen Status quo abgeschlossene Verträge werden jedoch spätestens zwölf Monate nach Markteintritt von der zentralen Verhandlung dominiert.[32]

Kritiker bemängeln zwar die Kosten dezentraler Verhandlungen (Ehlers: „ein extremer Aufwand").[33] Sie begehen jedoch bei ihrer Analyse einen ökonomischen Denkfehler, weil bzw. wenn sie von gleichbleibenden Bedingungen ausgehen. Es gilt jedoch erstens, dass sich die Kosten für eine Verhandlung aus dem gewählten Verhandlungsmodus und nicht aus der Anzahl der Verhandlungsverfahren ergeben. Sicherlich wäre es aufwändig, dass derzeitige Verfahren zu duplizieren.[34] Einzelkassen sind jedoch viel eher an praktischen Versorgungserfolgen und damit schnellen Verhandlungsergebnissen interessiert als ihr Dachverband, dem es in erster Linie um das sozialrechtlich eingehüllte Prinzip der Wirtschaftlichkeit mit dem Ziele der Kostendämpfung geht. Zweitens haben sich bekanntermaßen die vielen kleinen Krankenkassen bereits über Servicegesellschaften zu Verhandlungsverbünden zusammen geschlossen, die Zahl der Verhandlungspartner ist somit bereits deutlich reduziert.[35] Drittens ist es zwar auch unter Wettbewerbsökonomen durchaus anerkannt, dass dezentrale Verträge mit Kosten verbunden sind. Allerdings sollten diese Kosten nicht verglichen werden mit einem idealtypischen Verhandlungsverfahren, welches es in der Praxis nicht gibt.[36] Das gegenwärtig gewählte zentrale Verhandlungsverfahren mit all seinen oben beschriebenen Nebenwirkungen (siehe erneut Kapitel 4) kann jedenfalls kaum als

---

31 Vgl. Wirtschaftswoche 2015, Internet.
32 Vgl. Schulte, G. 2013, S. 7.
33 Ärztezeitung 2014.
34 Siehe zum Aufwand auch Pache, 2015.
35 Siehe beispielsweise apotheke adhoc 2014.
36 Vgl. Hayek, F. A. 1968, S. 11: „Die Kosten des Entdeckungsverfahrens, das wir gebrauchen, sind beträchtlich. Aber wir tun den Leistungen des Marktes Unrecht, wenn wir sie gewissermaßen »von oben herunter« beurteilen, nämlich durch den Vergleich mit einem idealen Standard, den wir in keiner bekannten Weise erreichen können. Wenn wir sie [...] »von unten hinauf« beurteilen, [...] insbesondere im Vergleich mit dem was produziert würde, wenn Wettbewerb verhindert würde, so muß die Leistung des Marktes beträchtlich erscheinen."

idealer Standard herhalten, weil der GKV-Spitzenverband den o. g. empirischen Belegen folgend im Unterschied zu den einzelnen Krankenkassen gerade kein eigenständiges Versorgungsinteresse hat.

Grundsätzlich fehlleitend ist indes die Behauptung, es bedürfe eines Monopsonisten, weil die Pharma-Unternehmen ihrerseits aus einer Monopolstellung heraus verhandeln. Auch bei AMNOG-Produkten zeigt sich häufig ein intensiver Wettbewerb mit ähnlichen oder unterschiedlichen Therapieansätzen in gleichen Therapiegebieten.[37] Insofern gibt es keine ersichtlichen markttheoretischen Gründe für eine Ausschaltung des (Innovations-)Wettbewerbs auf der Nachfrageseite, sondern vielmehr gute Gründe für wettbewerbliche Verhandlungen der einzelnen pharmazeutischen Unternehmer mit den einzelnen Krankenkassen.[38] Eine solche regulatorische Veränderung beim AMNOG würde als zusätzlicher „Check" die missbräuchliche Ausnutzung von Marktmacht durch den GKV-Spitzenverband effektiv verhindern.

Die mit dem Hersteller abgeschlossenen Einzelverträge etwa für den Wirkstoff Sofosbuvir halten die mit den einzelnen Krankenkassen ausgehandelten Rabatte vertraulich.[39] Es handelt sich dabei um ein Vorgehen, das zum gegenseitigen Vorteil gereicht und somit aus gutem Grund vertraglich vereinbart wird: Weder ein Anbieter noch ein Nachfrager haben ein Interesse daran, einen vertraglich vereinbarten Rabatt zu veröffentlichen. Auch für Patienten und Ärzte, Apotheker und sonstige Beteiligte ist es vollkommen irrelevant, welche Rabatte vereinbart werden, weil bei Rabattverträgen ganz grundsätzlich von ökonomisch und auch nach den Maßstäben des § 12 Sozialgesetzbuch (SGB) V wirtschaftlichen Verträgen ausgegangen werden kann. Pauschal gesprochen kann der Arzt frei verordnen, der Apotheker das Produkt ohne neuerlichen wirtschaftlichen Vergleich abgeben und der Patient ohne ein schlechtes Gewissen im Hinblick auf den Wert des Arzneimittels einnehmen. Auch der gesunde Versicherte ist eher an seinem Beitragssatz interessiert als an dem Rabatt für ein innovatives Arzneimittel.

Beim AMNOG gelten solche vorteilhaften Rahmenbedingungen bedauerlicherweise nicht. Der vfa hat immer wieder darauf hingewiesen, dass das AMNOG nicht nur in Deutschland wirkt, sondern auch ins Ausland ausstrahlt – was seinerseits Rückwirkungen auf die Findung von Erstattungsbeträgen hierzulande hat. Bedauerlicherweise tritt auch der GKV-Spitzenverband für eine möglichst breite Veröffentlichung des AMNOG-Rabatts ein. Eine solche Forderung erschie-

---

37 Siehe hierzu auch Scherer, F. M. 2000, S. 1328.
38 Vgl. Henke 2014, S. 44, Breyer et al. 2013, S. 502.
39 Vgl. Wirtschaftswoche 2015, Internet.

ne aus ökonomischer Sicht nur dann plausibel, wenn es dem GKV-Spitzenverband zuvorderst darum ginge, möglichst viele innovative Arzneimittel vom deutschen Markt fernhalten zu wollen. Die Annahme, über eine in Kraft gesetzte internationale Preisabwärtsspirale aufgrund von wechselseitig als Preisreferenz herangezogenen Erstattungsbeträgen im Ausland sogar noch größere Einsparungen generieren zu können,[40] ist jedenfalls unhaltbar, weil die pharmazeutischen Unternehmer solche internationalen Rückwirkungen mit in ihr strategisches Kalkül einbeziehen (müssen). Aus anreizorientierter Betrachtung heraus ist vielmehr vom Gegenteil auszugehen: Wären Erstattungsbeträge eine vertrauliche Verhandlungsangelegenheit, verlöre das GKV-System potenzielle Einsparungen nicht durch Export, egal ob aufgrund von Parallelhandel in das Ausland oder auch durch die internationale Preisreferenzierung.[41]

Statt den Listenpreis des pharmazeutischen Unternehmers – wie beim 14. SGB V-Änderungsgesetz geschehen – zunehmend zu entwerten und die Notwendigkeit der Veröffentlichung von AMNOG-Erstattungsbeträgen in den Preisdatenbanken weiter zu erhöhen, sollte deshalb der gesetzlich vorgesehene Abwicklungsweg selbst noch einmal überdacht werden. Für die Abwicklung der Erstattungsbeträge hat das AMNOG ein eigenes Abrechnungsverfahren über die Vertriebskette vorgesehen – neben den bereits etablierten beiden Wegen der Rabattabwicklung (gesetzliche Herstellerabschläge, Rabattverträge). Die neue Form der Abwicklung erweist sich vor dem Hintergrund der vielfältig möglichen, weil auf Verhandlungen beruhenden, ggf. aber auch geschiedsten AMNOG-Ergebnisse als wenig flexibel. Das Nebeneinander unterschiedlicher Rabattabwicklungsverfahren kann zudem nicht als effizient angesehen werden. Die Direktabwicklung mit einzelnen Krankenkassen, die sich bei den Rabattverträgen nach § 130a Abs. 8 SGB V bereits bewährt hat und fallweise auch beim AMNOG eine Funktion übernimmt (bei Schiedsentscheid und Neuverhandlung mit Rückwirkung), entschärft die Problematik der Listung von AMNOG-Rabatten zu Abwicklungszwecken in den Preisdatenbanken.

Der GKV-Spitzenverband hatte die Umdefinition des Erstattungsbetrags zunächst gefordert, um weitere Einsparungen bei den Handelsmargen zu generieren, die sich nach der Arzneimittelpreisverordnung an dem Abgabepreis des pharmazeutischen Unternehmers orientieren.[42] Inzwischen wird deutlich, dass es dem GKV-Spitzenverband bei seiner Forderung an den Gesetzgeber nicht allein um die

---

40 Vgl. AOK-Bundesverband 2012b, Internet.
41 Vgl. vfa. Die forschenden Pharma-Unternehmen 2011, S. 3. Siehe auch Danzon 2008, S. 14.
42 Vgl. GKV-Spitzenverband 2013, S. 10.

Handelsmargen ging.[43] Vielmehr zeigte sich die Absicht des GKV-Spitzverbands, seine ohnehin bereits bedenkliche Governance-Position um die Festlegung von Festbetragsgruppen auf Basis von Erstattungsbeträgen zu erweitern.[44]

Tatsächlich gründet sich das Festbetragssystem jedoch auf eine völlig andere Systematik als das AMNOG (Tabelle 1). Beide Regulierungsinstrumente sollen den wirtschaftlichen Einsatz von Arzneimitteln und auch eine Wirtschaftlichkeit von Arzneimitteln gegenüber dem GKV-System sichern. Während jedoch das AMNOG mit Erstattungsbeträgen bei zugewiesenem Zusatznutzen eine Regelung für Arzneimittel mit „Mehrwert" proklamiert, ist die Grundidee des Festbetragssystems die Austauschbarkeit, also des Fehlens von Mehrwert von Arzneimitteln und die preisliche Orientierung am Billigeren der Gleichwertigen. Arzneimittel primär als „nicht festbetragsfähig" einzustufen und einen mehrwertbasierten Erstattungsbetrag zu verhandeln, nur um anschließend dasselbe Arzneimittel, als hätte es keinen Mehrwert, mit anderen Arzneimitteln in eine Festbetragsgruppe einzubeziehen, deren Erstattungsniveau von einem billigen Arzneimittel ohne diesen Mehrwert determiniert wird, stellt die Idee des AMNOG und das Konzept der mehrwertbasierten Erstattung („value based pricing") auf den Kopf. Deshalb ist es methodisch und konzeptionell unzulässig, kaskadisch zunächst einen wirtschaftlichen AMNOG-Erstattungsbetrag zentral zu verhandeln, um ihn anschließend über die Bildung einer Festbetragsgruppe weiter zu drücken. Es bedarf somit der Einführung einer regulatorischen „Balance", um den Verhandlungsergebnissen beim AMNOG im Sinne der Fairness nicht die ökonomische Wirtschaftlichkeit über die Bildung von Festbetragsgruppen allein aus Kostendämpfungsinteressen oder sozialrechtlich-dogmatischen Erwägungen abzusprechen: Zunächst sollte ergebnisoffen nach der AMNOG-Logik eine Zusatznutzenbewertung der Produkte in allen Indikationen durchgeführt werden. Auf dieser Basis würden die Arzneimittel im nächsten Schritt einem der beiden Preisregulierungssysteme zugeordnet: Ein Arzneimittel mit Zusatznutzen erhält einen Erstattungsbetrag nach den AMNOG-Kriterien. Wird ihm kein Zusatznutzen attestiert, wird es in das Festbetragssystem nach den dort geltenden Kriterien eingruppiert. Produkte mit Zusatznutzen blieben im Erstattungsbetragssystem und werden nicht nach einiger Zeit mit Produkten ohne oder mit geringerem Zusatznutzen in eine gemeinsame Festbetragsgruppe eingruppiert. Eine Anpassung an die Marktdynamik erfolgt weiter individuell über Neuverhandlungen der Erstattungsbeträge.

---

43 Vgl. GKV-Spitzenverband 2014b, S. 18–19.
44 Vgl. Bode, C. et al. 2014.

Tabelle 1: Festbetrags- und Erstattungsbetragssystem

	Festbeträge	Erstattungsbeträge
Regelungsziel	Verstärkung des Preiswettbewerbs zwischen wirkstoffgleichen / vergleichbaren Arzneimitteln	Preisregulierung für Arzneimittel mit neuen Wirkstoffen mit Zusatznutzen (patentgeschützter, nicht-festbetragsgeregelter Markt)
Bewertungsfokus	Bewertung im Hinblick auf therapeutische Gleichwertigkeit bzw. Verbesserung ausschließlich für das gemeinsame Anwendungsgebiet der Wirkstoffgruppe (Teilbewertung)	Bewertung des Zusatznutzens für alle Anwendungsgebiete des Arzneimittels (vollständige Bewertung)
Komparator	andere Arzneimittel der Festbetragsgruppe (vor allem anatomisch-therapeutisch vergleichbare Arzneimittel)	festgelegte zweckmäßige Vergleichstherapie(n)
Verfahren	Zuweisung nach mathematisch-statistischem Algorithmus des GKV-SV	Verhandlung zwischen pharmazeutischen Unternehmer und GKV-SV
Ergebnis	Erstattungshöchstbetrag für die gesamte Wirkstoffgruppe	produktindividuelle Preis-(Volumen-)Vereinbarung
Regulierungsansatz	indirekte Preisregulierung, Preisbildungsfreiheit des pharmazeutischen Unternehmers bleibt formal erhalten, Möglichkeit der Aufzahlung für Patienten	Preisbildungsfreiheit des pharmazeutischen Unternehmers wird de facto beendet
Geltungsbereich	GKV	GKV und PKV

Quelle: vfa.

Wie in Kapitel 4 dargestellt, werden Arzneimittel mit einem vom G-BA zugewiesenen Zusatznutzen nur zögerlich im Versorgungsalltag eingesetzt, sodass das AMNOG-Ziel der verbesserten Versorgung nicht erfüllt wird. Dies hängt auch mit der irrigen Wahrnehmung zusammen, dass ein – obschon zentral verhandelter, mengenorientierter – Erstattungsbetrag per se nicht als wirtschaftlich anzusehen sei.[45] Aus ökonomischer Sicht erscheint diese Einschätzung nicht plausibel, zumal – wie beschrieben – nach der AMNOG-Rahmenvereinbarung die erwartete Verordnungsmenge und auch Konsequenzen bei Abweichungen von

---

45 Siehe nur Bausch 2013, S. 7–9.

dieser Verordnungsmenge vereinbart werden sollen. Differenzierte Nutzenbewertungsergebnisse werden bei der Findung von Erstattungsbeträgen ebenfalls bereits berücksichtigt, sodass die alte Nachfrageregulierung in Form von Richtgrößen, Verordnungsquoten usw. eine Doppelregulierung darstellt. Der durch die Vertragsparteien vereinbarte oder durch die Schiedsstelle festgesetzte Erstattungsbetrag sorgt aus ökonomischer Sicht für ein wirtschaftliches Erstattungsniveau eines Arzneimittels mit neuem Wirkstoff über alle seine Anwendungsgebiete und Subgruppen hinweg. Dies sollte, ohne Arzneimittel ohne Erstattungsbetrag zu diskriminieren, allgemein klargestellt werden.

Der GKV-Spitzenverband anerkennt zwar im Grundsatz, dass die deutsche Erstattungsregulierung bei innovativen Arzneimitteln unter einer Überkomplexität leidet, die zu Widersprüchen beiträgt. Dabei spricht er sogar indirekt an, dass eine angebotsseitige Regulierung (beim Hersteller) internationaler Standard ist und auch ausreicht.[46] Nur folgt er beispielsweise im Kontext der Wirtschaftlichkeit von Erstattungsbeträgen nicht seinen eigenen grundsätzlichen Erwägungen. Er könnte leicht seinen Teil zu einer Flurbereinigung beitragen, damit auch die Ärzte an dieser Stelle aus der Regressgefahr befreien und die Versorgung tatsächlich verbessern.[47]

6. Fazit

Das AMNOG läuft nach den Erfahrungen der forschenden Pharma-Unternehmen in der Praxis keineswegs reibungslos. Eine Auswertung aller bisherigen Nutzenbewertungen und Erstattungsbetragsverhandlungen zeigt: Es bestehen strukturelle Probleme bei der AMNOG-Umsetzung. Sie resultieren vor allem aus der Machtposition, die der GKV-Spitzenverband im gesamten Verfahren – von der Bewertung des Zusatznutzens bis hin zur Erstattungsbetragsverhandlung – einnimmt. Die Ausnutzung dieser Marktmacht hat Erstattungsbeträge zur Folge, die weit unter den europäischen Durchschnitt geraten sind. Im Hinblick auf die Weiterentwicklung des AMNOG bedarf es deshalb Checks and Balances:

- Bei der frühen Nutzenbewertung muss der Sachverstand der Zulassungsbehörden und der medizinischen Fachgesellschaften in Zukunft tatsächlich genutzt werden.

---

46 Siehe hierzu GKV-Spitzenverband 2014a, S. 16.
47 Vgl. Kassenärztliche Bundesvereinigung 2014, S. 6.

- Inhaltlich müssen die methodischen Anforderungen des G-BA für die frühe Nutzenbewertung mit den Vorgaben der Zulassungsbehörden harmonisiert werden.
- Das Preisniveau von Generika darf nicht der Maßstab für Erstattungsbeträge von innovativen Arzneimitteln sein.
- Das AMNOG-Verfahren sorgt für ein wirtschaftliches Erstattungsniveau von Arzneimitteln mit neuen Wirkstoffen. Doppelregulierungen auf der Nachfrageseite sind abzubauen.
- Die Ausstrahleffekte ins Ausland sind stärker zu berücksichtigen. Eine vertrauliche Rabattgewährung sollte auch durch das Abwicklungsverfahren unterstützt werden.
- Es muss eine transparente, funktionale Aufgabenteilung zwischen der AMNOG-Regulierung und dem Festbetragssystem geben.

Literatur

Ärztezeitung (2014): „Die Rolle des GKV-Spitzenverbands ist kritisch". Interview von H. Laschet mit Professor Ehlers und Dr. Rybak (19.12.2014).

apotheke adhoc (2014): GWQ schließt 500 Rabattverträge. Online verfügbar unter: http://www.apotheke-adhoc.de/nachrichten/nachricht-detail/krankenkassen-gwq-schliesst-500-rabattvertraege/, zuletzt geprüft am 16.02.2015.

AOK-Bundesverband (2012a): Arzneimittelversorgung für Trobalt-Patienten jederzeit sichergestellt. Deh beruhigt Epilepsie-Patienten. Pressemitteilung vom 01.06.2012. Online verfügbar unter http://www.aok-bv.de/presse/pressemitteilungen/2012/index_08370.html, zuletzt geprüft am 26.02.2015.

AOK-Bundesverband (2012b): Geheimhaltung des Einheitspreises für neue Medikamente wird zu steigenden Kosten führen. Online verfügbar unter http://www.aok-bv.de/presse/medienservice/politik/index_08297.html, zuletzt geprüft am 26.02.2015.

Bausch, Jürgen (2013): Kein Freibrief für sorglose Verordnung. In: KVH aktuell – Pharmakotherapie 18 (2), S. 7–9.

Bode, Christina, Antje Haas und Anja Tebinka-Olbrich (2014): Ein ideales Paar: Erstattungs- und Festbeträge zur Regulierung von Arzneimittelpreisen. In: Gesundheits- und Sozialpolitik (3), S. 7–14.

Bungenstock, Jan M. (2011): Innovative Arzneimittel in der Gesetzlichen Krankenversicherung. Eine normativ-ökonomische Analyse zu Versorgung und Finanzierung. Baden-Baden: Nomos.

Breyer, Friedrich, Peter Zweifel und Mathias Kifmann (2013): Gesundheitsökonomik. 6. Aufl. Berlin, Heidelberg: Springer.

Cassel, Dieter und Andreas Heigl (2013): AMNOG in der Umsetzung: Preisregulierung als Innovationsbremse? In: Recht und Politik im Gesundheitswesen 19 (1), S. 10–27.

Danzon, Patricia M. (1997): Price Discrimination for Pharmaceuticals: Welfare Effects in the US and the EU. In: International Journal of the Economics of Business 4 (3), S. 301–322.

Danzon, Patricia M. (2008): Cross-National Effects of Pharmaceutical Pricing Policies. October 27, 2008 – OECD High-level symposium on Pharmaceutical Pricing Policy. Online verfügbar unter http://www.oecd.org/els/healthsystems/41593241.pdf, zuletzt geprüft am 26.02.2015.

Deutscher Bundestag (2010): Gesetzentwurf der Fraktionen der CDU/CSU und FDP. Entwurf eines Gesetzes zur Neuordnung des Arzneimittelmarktes in der gesetzlichen Krankenversicherung (Arzneimittelmarktneuordnungsgesetz – AMNOG). Deutscher Bundestag Drucksache 17/2413. Online verfügbar unter http://dipbt.bundestag.de/dip21/btd/17/024/1702413.pdf, zuletzt geprüft am 26.02.2015.

Deutscher Bundestag (2013): Beschlussempfehlung und Bericht des Ausschusses für Gesundheit (14. Ausschuss) Deutscher Bundestag Drucksache 17/13770. Online verfügbar unter http://dipbt.bundestag.de/dip21/btd/17/137/1713770.pdf, zuletzt geprüft am 26.02.2015.

Deutscher Bundestag – Ausschuss für Gesundheit (2014): Protokoll Nr. 18/5 vom 12.02.2014. Öffentliche Anhörung des Ausschusses für Gesundheit zu dem Gesetzentwurf der Fraktionen CDU/CSU und SPD zum Entwurf eines Vierzehnten Gesetzes zur Änderung des Fünften Buches Sozialgesetzbuch (14. SGB V-Änderungsgesetz – 14. SGB V-ÄndG). Online verfügbar unter http://www.bundestag.de/blob/195786/bf8442f89490bb66ce6ba7306ad09291/005_12_02_14_14__sgb_v-__ndg-data.pdf, zuletzt geprüft am 26.02.2015.

Gemeinsamer Bundesausschuss (2012a): Frühe Nutzenbewertung: unparteiischer Vorsitzender zieht positive Zwischenbilanz – Kritik am Verfahren haltlos und durch Bewertungspraxis widerlegt. Pressemitteilung vom 03.09.2012. Online verfügbar unter https://www.g-ba.de/institution/presse/pressemitteilungen/450/, zuletzt geprüft am 06.02.2015.

Gemeinsamer Bundesausschuss (2012b): Tragende Gründe zum Beschluss des Gemeinsamen Bundesausschusses über eine Änderung der Arzneimittel-Richtlinie (AM-RL): Anlage XII – Beschlüsse über die Nutzenbewertung von Arzneimitteln mit neuen Wirkstoffen nach § 35a SGB V – Cabazitaxel vom 29. März 2012. Online verfügbar unter https://www.g-ba.de/downloads/

40-268-1910/2012-03-29_AM-RL-XII_Cabazitaxel_TrG.pdf, zuletzt geprüft am 04.05.2015.

Gemeinsamer Bundesausschuss (2013): Tragende Gründe zum Beschluss des Gemeinsamen Bundesausschusses über eine Änderung der Arzneimittel-Richtlinie (AM-RL): Anlage XII – Beschlüsse über die Nutzenbewertung von Arzneimitteln mit neuen Wirkstoffen nach § 35a SGB V – Apixaban (neues Anwendungsgebiet) vom 20. Juni 2013. Online verfügbar unter https://www.g-ba.de/downloads/40-268-2387/2013-06-20_AM-RL-XII_Apixaban-neues-AWG_TrG.pdf, zuletzt geprüft am 06.02.2015.

Gemeinsamer Bundesausschuss (2014): Anlage I zum 1. Kapitel – Offenlegungserklärung. Online verfügbar unter https://www.g-ba.de/informationen/richtlinien/anlage/125/#tab/weitere-informationen, zuletzt geprüft am 26.02.2015.

Gemeinsamer Bundesausschuss (2015): G-BA vergibt erstmals höchste Zusatznutzen-Kategorie. Pressemitteilung vom 24.02.2015. Online verfügbar unter https://www.g-ba.de/institution/presse/pressemitteilungen/571/, zuletzt geprüft am 26.02.2015.

Gerechte Gesundheit (2012): AMNOG-Korrekturen. Spahn „bloggt" Kritik zurück. Online verfügbar unter http://www.gerechte-gesundheit.de/news/archiv/detail/news-eintrag//755.html, zuletzt geprüft am 26.02.2015.

GKV-Spitzenverband (2013): Stellungnahme des GKV-Spitzenverbandes vom 20.03.2013 zum Referentenentwurf für ein Drittes Gesetz zur Änderung arzneimittelrechtlicher und anderer Vorschriften vom 07.03.2013.

GKV-Spitzenverband (2014a): 10 Handlungsfelder für Qualität und Finanzierbarkeit der Arzneimittelversorgung. Positionspapier des GKV-Spitzenverbandes beschlossen vom Verwaltungsrat am 10. Dezember 2014. Online verfügbar unter http://www.gkv-spitzenverband.de/media/dokumente/presse/publikationen/Positionspapier_Arzneimittel_barrierefrei.pdf, zuletzt geprüft am 26.02.2015.

GKV-Spitzenverband (2014b): Stellungnahme des GKV-Spitzenverbandes vom 10.02.2014 zum Entwurf eines Vierzehnten Gesetzes zur Änderung des Fünften Buches Sozialgesetzbuch sowie zu den Änderungsanträgen des Ausschusses für Gesundheit (BT-Drucksache 18/201 und Ausschussdrucksachen 18(14)0007(1)-(4)).

Greiner, Wolfgang und Julian Witte (2015): Ergebnisse der Erstattungsbetragsverhandlungen. In: Rebscher, Herbert (Hrsg.): AMNOG-Report 2015. Nutzenbewertung von Arzneimitteln in Deutschland. Heidelberg, Neckar: medhochzwei Verlag, S. 136–181.

Goldacre, Ben (2013): Die Pharma-Lüge. Wie Arzneimittelkonzerne Ärzte irreführen und Patienten schädigen. Köln: Kiepenheuer & Witsch.

Haas, Antje (2014): Drei Jahre frühe Nutzenbewertung Zwischenbilanz und Anspruch Statement des GKV-Spitzenverbands. AMNOG-Fachtagung des G-BA am 30. April 2014 in Berlin. Online verfügbar unter https://www.g-ba.de/downloads/17-98-3701/01-2014-04-30-AMNOG-Fachtagung-G-BA_Haas.pdf, zuletzt geprüft am 26.02.2015.

Häussler, Bertram, Ariane Höer und Elke Hempel (2014): Arzneimittel-Atlas 2014. Der Arzneimittelverbrauch in der GKV. Dordrecht: Springer.

Hayek, Friedrich A. von (1968): Der Wettbewerb als Entdeckungsverfahren. Kiel: Institut für Weltwirtschaft an der Universität Kiel.

Henke, Klaus-Dirk (2014): Nutzen und Preise von Innovationen. Eine ökonomische Analyse zu den Verhandlungskriterien beim AMNOG. Wiesbaden: Springer.

Institut für Qualität und Wirtschaftlichkeit im Gesundheitswesen (2012): Cabazitaxel – Nutzenbewertung gemäß § 35a SGB V, Dossierbewertung A11-24, IQWiG-Berichte Nr. 114. Online verfügbar unter https://www.g-ba.de/downloads/92-975-32/2011-04-15-D-003_Cabazitaxel_IQWiG-Nutzenbewertung.PDF, zuletzt geprüft am 06.02.2015.

Institut für Qualität und Wirtschaftlichkeit im Gesundheitswesen (2013): Allgemeine Methoden. Version 4.1 vom 28.11.2013. Online verfügbar unter https://www.iqwig.de/download/IQWiG_Methoden_Version_4-1.pdf, zuletzt geprüft am 26.02.2015.

Kassenärztliche Bundesvereinigung (2014): Positionierung der Kassenärztlichen Bundesvereinigung zum Koalitionsvertrag von CDU, CSU und SPD zum Abschnitt Gesundheit und Pflege (18. Legislaturperiode). Online verfügbar unter http://www.kbv.de/media/sp/2014_03_24_KBV_Positionierung_Koalitionsvertrag.pdf, zuletzt geprüft am 27.02.2015.

Kassenärztliche Vereinigung Bayern (2014): Arzneimittelvereinbarung (AMV) 2014 – gültig ab 01. Januar 2014. Verordnung aktuell – Sonstiges. Online verfügbar unter http://www.kvb.de/fileadmin/kvb/dokumente/Praxis/Verordnung/VO-aktuell/2014/KVB-140331-SOP-AMV-WSV-PV-2014-Verordnung-Aktuell-Version-04.pdf, zuletzt geprüft am 26.02.2015.

Neubauer, Günter, Karl Morasch und Andreas Gmeiner (2013): Möglichkeiten und Vorteile einer Preisdifferenzierung bei innovativen Arzneimitteln. Studie für den Verband Forschender Arzneimittelhersteller e. V. (vfa). Online verfügbar unter http://www.vfa.de/download/moeglichkeiten-und-vorteile-einer-preisdifferenzierung-bei-innovativen-arzneimitteln.pdf, zuletzt geprüft am 26.02.2015.

Pache, Timo (2015): Sechs Monate länger leben für 100000 Euro. Ist es uns das wert? In: Capital, Ausgabe 2, 2015, S. 48–57.

Pauly, Mark V. (1987): Monopsony Power in Health Insurance: Thinking Straight while Standing on your Head. In: Journal of Health Economics 6 (1), S. 73–81.

Rasch, Andrej und Ch.-Markos Dintsios (2015): Subgruppen in der frühen Nutzenbewertung von Arzneimitteln: eine methodische Bestandsaufnahme. In: Zeitschrift für Evidenz, Fortbildung und Qualität im Gesundheitswesen 2/2015.

Rothwell, Peter M. (2005): Treating individuals 2. subgroup analysis in randomised controlled trials; importance, indications, and interpretation. In: The Lancet 365 (9454), S. 176–186.

Scherer, Frederic M. (2000): The Pharmaceutical Industry. In: Culyer, Anthony J. und Joseph P. Newhouse (Hrsg.): Handbook of Health Economics. Volume 1B. 2. Aufl. Amsterdam: Elsevier, S. 1297–1336.

Schlolaut, Marie-Anne (2013): „Ablehnung ist skandalös". In: Kölner Stadt-Anzeiger, 08.04.2013, S. 3.

Scholz, Florian, Heinz-Werner Schulte und Frank Weißenfeldt (2014): Parallelhandel: Welche Faktoren bestimmen den Warenstrom in Europa? imshealth Whitepaper Parallelhandel. Online verfügbar unter http://www.imshealth.com/deployedfiles/imshealth/Global/EMEA/Germany_Austria/Press%20Room/Press%20releases/Medieninformationen%20pdf%202014/10_2014_IMS%20White%20paper_Parallelhandel.pdf, zuletzt geprüft am 26.02.2015.

Schulte, Gerhard (2013): Letzte Ausfahrt AMNOG-Schiedsstelle. IMPLICONplus – Gesundheitspolitische Analysen 05/2013, S. 1–10.

Scott Morton, Fiona M. und Margaret K. Kyle (2011): Markets for Pharmaceutical Products. In: Pauly, Mark V., Thomas G. McGuire und Pedro Luis Pita Barros (Hrsg.): Handbook of Health Economics. Amsterdam [etc.]: North Holland, S. 762–823.

Seiter, Andreas (2010): A practical approach to pharmaceutical policy. Washington, DC: World Bank.

Sleight, Peter (2000): Debate: Subgroup analyses in clinical trials: fun to look at – but don't believe them! In: Current Controlled Trials in Cardiovascular Medicine 1 (1), S. 25–27.

Spiegel online (2012): Zwischenbilanz: Neu-Medikamente nützlicher als erwartet (03.09.2012). Online verfügbar unter http://www.spiegel.de/gesundheit/diagnose/amnog-jedes-sechste-neue-medikament-bringt-mehr-nutzen-fuer-patienten-a-853520.html, zuletzt geprüft am 06.02.2015.

Spiegel online (2014): G-BA-Bilanz: Nur jedes fünfte neue Medikament bringt mehr Nutzen (22.05.2014). Online verfügbar unter http://www.spiegel.de/gesundheit/diagnose/amnog-bilanz-g-ba-bescheinigt-nur-wenigen-medikamenten-zusatznutzen-a-970976.html, zuletzt geprüft am 06.02.2015.

Stackelberg, Johann-Magnus von und Anja Tebinka-Olbrich (2015): Erstattungsbetragsverhandlungen bei innovativen Arzneimitteln aus Sicht des GKV-Spitzenverbandes. In: Wille, Eberhard (Hrsg.): Versorgungsdefizite im deutschen Gesundheitswesen. Frankfurt am Main: Peter Lang, S. 107–114.

Ulrich, Volker (2015): Das AMNOG aus gesundheitsökonomischer Perspektive. In: Wille, Eberhard (Hrsg.): Versorgungsdefizite im deutschen Gesundheitswesen. Frankfurt am Main: Peter Lang, S. 115–134.

vfa. Die forschenden Pharma-Unternehmen (2011): „Vertrauliche Erstattungsbeträge nach § 130b SGB V schaffen Vorteile für alle Beteiligten". Berlin. Online verfügbar unter http://www.vfa.de/download/pos-vertrauliche-erstattungsbetraege.pdf, zuletzt geprüft am 27.02.2015.

vfa. Die forschenden Pharma-Unternehmen (2014): Das AMNOG im vierten Jahr. Berlin. Online verfügbar unter http://www.vfa.de/download/amnog-4tes-jahr-lang.pdf, zuletzt geprüft am 27.02.2015.

Wasem, Jürgen (2013): Zukunft der Arzneimittelversorgung: Vermessung von Zielen und Baustellen. Diskussionsveranstaltung des vfa am 27. November 2013. Online verfügbar unter http://www.vfa.de/download/zukunft-der-arzneimittelversorgung-vermessung-von-zielen-und-baustellen.pdf, zuletzt geprüft am 26.02.2015.

Wikipedia (2015a): Checks and Balances. Online verfügbar unter http://de.wikipedia.org/wiki/Checks_and_Balances, zuletzt geprüft am 06.02.2015.

Wikipedia (2015b): Monopson. Online verfügbar unter http://de.wikipedia.org/wiki/Monopson, zuletzt geprüft am 13.02.2015.

Wirtschaftswoche (2015): Teure Hepatitis-Pillen erstmals mit Rabatt. Online verfügbar unter http://www.wiwo.de/unternehmen/handel/krankenkassen-teure-hepatitis-pillen-erstmals-mit-rabatt-/11273738.html, zuletzt geprüft am 16.02.2015.

Johann-Magnus von Stackelberg und Anja Tebinka-Olbrich

Eine Zwischenbilanz des AMNOG aus Sicht des GKV-Spitzenverbands

1. Einleitung

Das Arzneimittelmarkt-Neuordnungsgesetz (AMNOG) aus dem Jahr 2011 ist eines der ehrgeizigsten Regulierungsprojekte für die gesetzliche Krankenversicherung der letzten Zeit. Über den Umsetzungsstand wurde in der Vergangenheit bereits an dieser Stelle berichtet (vgl. von Stackelberg, J./Tebinka-Olbrich, A. 2015). Die aktuellen Entwicklungen sind im Fokus des vorliegenden Beitrags.

2. Fakten zu den Verhandlungen und Schiedsstellenverfahren

Bis zum Ende des Jahres 2014 wurden beim GKV-Spitzenverband 88 Erstattungsbetragsverfahren durchgeführt, woraus insgesamt 68 heute gültige Erstattungsbeträge resultieren (Mehrfachzählungen einzelner Wirkstoffe aufgrund von Neuverhandlungen im Zusammenhang mit Zulassungserweiterungen, Kündigung etc.). Dabei wurde die weit überwiegende Zahl der Erstattungsbeträge von 59 auf dem Verhandlungsweg abgeschlossen. Nur in neun Fällen wurde nach einem Scheitern der Verhandlung der Erstattungsbetrag durch die gemeinsame Schiedsstelle festgesetzt.

Die gemeinsame Schiedsstelle hat sich dabei als wichtige neutrale Instanz im AMNOG-Prozess etabliert. Mit Stand zum 31.12.2014 wurden insgesamt 17 Schiedsstellenverfahren eingeleitet, wovon insgesamt elf durch einen Schiedsspruch abgeschlossen worden sind. In sechs Fällen haben sich die Vertragsparteien noch während des Schiedsstellenverfahrens auf eine für beide Seiten tragbare Lösung geeinigt. Diese Bilanz zeigt, dass der angestrebte faire Ausgleich zwischen den Interessen der Versichertengemeinschaft und der pharmazeutischen Industrie bis in die Schiedsstelle hinein gängige Praxis ist.

Eine weitergehende Analyse der Schiedsstellenverfahren zeigt, dass bei der überwiegenden Anzahl von 14 der eingeleiteten Schiedsstellenverfahren Wirkstoffe ohne Zusatznutzen Gegenstand waren. In den meisten Fällen war die zweckmäßige Vergleichstherapie bereits als preiswertes Generikum verfügbar. Unter diesen Voraussetzungen können die gravierenden wirtschaftlichen Auswirkungen eine Einigung auf dem Verhandlungsweg erschweren. Nach dem Willen des

Gesetzgebers darf in diesem Fall der Erstattungsbetrag nicht den Preis der wirtschaftlichsten Alternative der zweckmäßigen Vergleichstherapie überschreiten.

Abbildung 1: Anzahl gültiger Erstattungsbeträge und laufender Verfahren (Stand: 31.12.2014)

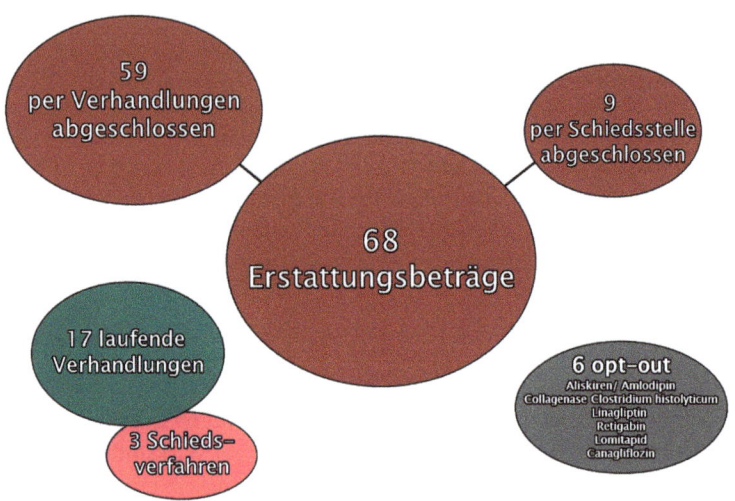

Quelle: Eigene Darstellung

Bis zum Ende des Jahres 2014 trat in insgesamt sechs Fällen der pharmazeutische Unternehmer nicht in die Verhandlungen ein und wählte die rahmenvertragliche Option, sein Arzneimittel unter Aussetzung des Erstattungsbetragsverfahrens vom Markt zurückzuziehen (sog. „opt-out"). In sieben Fällen entschied sich der pharmazeutische Unternehmer erst *nach* Festsetzung des Erstattungsbetrags durch die Schiedsstelle sein Arzneimittel aus dem Vertrieb zu nehmen (im Zusammenhang mit einer sog. „Außer Vertrieb"-Meldung). Für keines dieser Produkte hat der Gemeinsame Bundesausschuss (G-BA) einen therapeutischen Zusatznutzen ausgesprochen. Durch keinen der Marktaustritte war die Arzneimittelversorgung auch nur ansatzweise gefährdet, da stets gleichwertige Versorgungsalterativen zur Verfügung standen.

Durch die Erstattungsbeträge konnten in den Jahren 2012 und 2013 180 Mio. EURO und im Jahr 2014 bereits 450 Mio. EURO für die gesetzliche Krankenversicherung (GKV) eingespart werden. Darüber hinaus ist von Einsparungen auch für die Versicherten der privaten Krankenversicherung (PKV) auszugehen. Hinzu kommen die nicht quantifizierten Ausgabeneffekte durch

Bezugnahme eines Arzneimittels mit Erstattungsbetrag als zweckmäßige Vergleichstherapie oder vergleichbares Arzneimittel in Folgeverhandlungen.
- Für die Abweichung zu den vom Gesetzgeber im Jahr 2010 geschätzten zwei Mrd. EURO Einsparungen (vgl. Gesetzesbegründung Fraktionsentwurf AMNOG, BT-Drs. 17/2413, S. 38) gibt es mehrere Gründe:
- Das Einsparpotenzial des AMNOG ist infolge der Abschaffung der ursprünglich vorgesehenen Bestandsmarktbewertung mit dem 14. SGB V-Änderungsgesetz 2014 stark reduziert worden. Es kann hierdurch von ca. 900 Mio. EURO direkt entgangenen Einsparungen im Jahr ausgegangen werden. Darüber hinaus ist von erheblichen qualitativen Nachteilen für die Patientenversorgung auszugehen.
- Die Erfahrungen der ersten vier Jahre AMNOG haben gezeigt, dass die Preisgestaltungsfreiheit in den ersten 12 Monaten nach Inverkehrbringen eines neuen Arzneimittels den Anreiz zu provokanten Einstandspreisen geben kann. Diese übersteigerten Preise der pharmazeutischen Unternehmer belasten nicht nur die Ausgabenseite der GKV. Dadurch werden auch irreale Erwartungen innerhalb der Unternehmensleitungen an die Verhandlungen genährt und nachteilige Effekte über die internationale Preisreferenzsysteme angelegt. Das alles erschwert unnötig die Vereinbarung zusatznutzenorientierter Erstattungsbeträge.
- Die neuen nutzenbewerteten Arzneimittel befinden sich noch am Anfang ihres Produktlebens und können aus diesem Grund in der Regel noch keine so großen Ausgabeneffekte bewirken. So weist der aktuelle Arzneimittelreport für 2014 einen relativ geringen Anteil am Verordnungsvolumen (0,9 %) und an den Nettokosten (4,7 %) des GKV-Fertigarzneimittelmarktes aus (vgl. Schwabe, U. 2014, S. 147). Unabhängig davon, ist die eigentlich interessante Frage, ob die neuen Arzneimittel tatsächlich bei denjenigen Patienten ankommen, die wesentlich davon profitieren. Davon ist unter den gegebenen Rahmenbedingungen nicht zwingend auszugehen.

Aus diesem Spektrum ergeben sich konkrete politische Schlussfolgerungen für strukturelle Anpassungen des AMNOG, die im Folgenden näher beleuchtet werden.

3. Nutzenbewertung des Bestandsmartes wieder aufnehmen

Der Bestandsmarkt umfasst patentgeschützte Arzneimittel, die vor dem 01.01.2011 in den Verkehr gebracht worden sind. Er ist nach wie vor von großer wirtschaftlicher und versorgungspolitischer Bedeutung. Ausgaben im zweistelligen Milliardenbereich steht ein im Großen und Ganzen unbekannter Zusatznutzen für die Patienten gegenüber. In Teilbereichen gewinnt dieses Missverhältnis sogar an Bedeutung.

Zunächst verursachen Bestandsmarktarzneimittel Multiplikatoreffekte in den Erstattungsbetragsverhandlungen mit neuen Arzneimitteln: Sie sind mit ihren nutzenunabhängigen Preisen ein entscheidender Preistreiber in den laufenden Erstattungsbetragsverhandlungen. So stellen Bestandsmarktarzneimittel im Rahmen der frühen Nutzenbewertung häufig die zweckmäßige Vergleichstherapie dar. Sie sind damit entscheidend für die monetäre Zusatznutzenbewertung. Darüber hinaus erfüllen Bestandsmarktarzneimittel im Rahmen der Erstattungsbetragsverhandlungen auch regelmäßig das Kriterium „vergleichbarer Arzneimittel", das bei der Preisfindung für Arzneimittel mit Zusatznutzen ergänzend zu berücksichtigen ist. Über verschiedene Kanäle verfälschen also Bestandsmarktarzneimittel die Innovationsprämie.

Dann beeinflussen neu zugelassene Anwendungsgebiete von Bestandsmarktarzneimitteln entscheidend die aktuellen Versorgungsstrukturen. Um eine qualitativ hochwertige und bezahlbare Versorgung sicherzustellen, ist hierfür eine Nutzenbewertung wieder aufzunehmen. Keinesfalls würde damit der Bestandsmarkt über die „Hintertür" bewertet. So zeigen erste Auswertungen am Beispiel antineoplastischer Arzneimittel, dass nur etwa die Hälfte in der EU zentral zugelassenen Arzneimittel acht Jahre nach Markteintritt eine oder mehrere Zulassungserweiterungen haben. Das dem gegenüberstehende Einsparpotential offenbart sich bei Gegenüberstellung der Verordnungen antineoplastischer Arzneimittel und den Kosten im gesamten GKV-Arzneimittelmarkt im Jahr 2012 (vgl. Schwabe, U. 2013, S. 128). So lagen die Verordnungen bei lediglich 0,12 % aller im GKV-Markt verordneten DDDs, wohingegen jedoch Ausgaben i. H. v. 2,3 Mrd. EURO, also 6,9 % der GKV-Kosten stehen.

Schließlich stellen biotechnologisch hergestellte Arzneimittel im Bestandsmarkt eine besondere Herausforderung dar. In diesem Markt führt der Patentauslauf von Originalpräparaten heute oder in der Zukunft in der Regel nicht – zumindest nicht zeitnah – zu mehr Wettbewerb mit Nachahmerpräparaten (sog. „Biosimilars"). Daraus resultiert -anders als bei den Generika, bei denen ein Preisunterschied von durchschnittlich 71 % anzusetzen ist – ein wesentlich geringerer Preisunterschied zwischen Originator und Biosimilar (ca. 3 % – 23 % für die Biosimilars von Erythropoietin bzw. Somatropin), sofern es überhaupt Biosimilars gibt (vgl. Schaufler, J./Telschow, C. 2014, S. 242). Für zwölf Biologicals wird der Patentschutz bis zum Jahre 2018 abgelaufen sein. Darunter sind einige der Biologicals, auf die derzeit Ausgaben in Milliardenhöhe in der GKV entfallen (z. B. Humira®). Um in diesem zentralen Ausgabenwachstumssegment zu nutzenbasierten und zumutbaren Preisen zu kommen, ist eine Nutzenbewertung von biotechnologisch hergestellten Arzneimitteln aus dem Bestandsmarkt nach wie vor zwingend notwendig.

Sollte sich eine Nutzenbewertung nicht wie beschrieben für den Bestandsmarkt umsetzen lassen, ist hilfsweise für patentgeschützte Bestandsmarktarzneimittel eine Anhebung des Herstellerabschlages sowie der Fortbestand des Ende 2017 auslaufenden Preismoratoriums erforderlich. Um die Brückenfunktion des Herstellerabschlags zu erhalten, sollte dann der Herstellerabschlag abhängig von den Einsparungen durch die Erstattungsbeträge im Neumarkt angepasst werden.

4. Fairness beim Erstattungsbetrag ab dem ersten Tag

Die Ausgaben für manche Krankheiten fallen nicht zwingend gleichmäßig über den gesamten Produktzyklus des Arzneimittels an. Daraus folgt, dass man nicht zwingend davon ausgehen kann, dass die Einsparungen nach Geltungsbeginn des Erstattungsbetrags die Mehrausgaben während der zwölfmonatigen Phase der Preisfreiheit langfristig wieder ausgleichen können.

Gerade bei kurzen Therapiezyklen oder Krankheiten mit hoher Prävalenz und niedriger Inzidenz fällt der höchste Ausgabenanteil ggf. im ersten Jahr nach Inverkehrbringen an. Ein aktuelles Beispiel dazu ist der Wirkstoff Sofosbuvir (Handelsname: Sovaldi®). Im G-BA Beschluss zu Sofosbuvir wird eine Anzahl von derzeit 99.900 GKV-Versicherten mit chronischer Hepatitis C (Prävalenz) zugrunde gelegt. Dem steht eine geschätzte Inzidenz von ca. 5.000 gegenüber. Sofern es einem Unternehmen somit gelingt, im ersten Jahr der freien Preisbildung einen großen Anteil der bereits erkrankten Patienten von den etablierten Therapieregimen auf das neue Arzneimittel umzustellen, können hohe Ausgaben für die Krankenkassen die Folge sein, ohne dass für die bereits erkrankten Patienten der ausverhandelte und als für das Gesundheitssystem noch tragbare Preis jemals eine Bedeutung zukommt.

Durch eine Rückwirkung des ausgehandelten Erstattungsbetrages ab dem ersten Tag des Inverkehrbringens, ließe sich ein zusatznutzenbasierter Preis von Anfang an sicherstellen, bei weiterhin unverzögertem Zugang zu innovativen Therapien für die Patienten. Auch für Unternehmen erscheint dieses Vorgehen langfristig sachgerecht, da sie ihre Rendite- und Amortisierungsvorstellungen über den gesamten Produktzyklus besser planen können.

5. AMNOG-gerechter Einsatz neuer Arzneimittel?

Von Seiten der pharmazeutischen Industrie wird das AMNOG zuweilen als „Innovationsbremse" kritisiert (vgl. vfa, 2014, PM 021 zum Arzneimittelatlas 2014). Die neuen Arzneimittel hätten es demnach schwer, sich auf dem Markt durchzusetzen. Die „AMNOG-gerechte Versorgungsquote" werde nicht erreicht. Als Beleg dafür wird angeführt, dass beim Absatz nicht die in den G-BA-Beschlüssen angegebenen Patientenzahlen erreicht würden.

Diese Feststellung ist objektiv nicht nachvollziehbar. Weder überzeugt die Methodik des Vergleichs, noch bestätigen die Abrechnungsdaten mit der GKV diese Einschätzung. Wesentlich dabei anzuerkennen ist, dass der G-BA mit der Patientenzahl im Beschluss nur Schätzungen zum Marktpotenzial aufgrund von epidemiologischen Daten abgibt. Bei der tatsächlichen Marktdiffusion eines Wirkstoffes kann es daher regelmäßig zu erheblichen Abweichungen kommen. Der Erstattungsbetrag stellt schließlich keine Absatzgarantie für das nutzenbewertete Arzneimittel dar. Wie umfassend Arzneimittel bei den Versicherten Anklang finden, wird vielmehr durch verschiedene Aspekte beeinflusst.

So liegt die Auswahlverantwortung für das Arzneimittel weiterhin beim Vertragsarzt. Dies hat der Gesetzgeber auch explizit in der Gesetzesbegründung zum Ausdruck gebracht: „Mit der Vereinbarung eines Erstattungsbetrags für ein Arzneimittel ist keine Auswahlentscheidung für das einzelne Arzneimittel verbunden. Sie hat ebenso wenig eine verordnungslenkende Wirkung wie die Festsetzung von Festbeträgen" (vgl. Gesetzesbegründung Fraktionsentwurf AMNOG, BT-Drs. 31-Drucksache 17/2413, S. 31). In diesem Zusammenhang fallen zudem regional unterschiedliche Marktdurchdringungsraten eines Arzneimittels, wie beispielsweise bei Ticagrelor (Brilique®) auf, was darauf hindeutet, dass die Information der Vertragsärzte durch ihre regionalen Kassenärztlichen Vereinigungen einen signifikanten Einfluss auf das Verordnungsverhalten der Vertragsärzte hat (vgl. Kleinfeld, A./Luley, C. 2014, S. 48 ff). Hier sieht deshalb auch der GKV-Spitzenverband einen Ansatzpunkt für eine regional einheitlichere Innovationsdiffusion, z. B. durch die Integration von Entscheidungshilfen zum gezielten Einsatz von Innovationen in die Praxis-Software für jeden Arzt (vgl. Haas, A. 13.10.2014, Ärzte-Zeitung).

Auch jedes AMNOG-bewertete Arzneimittel mit Zusatznutzen muss sich im Wettbewerb mit anderen Arzneimitteln behaupten (vgl. Haas, A./Tebinka-Olbrich, A. 2014, S. 16). Der Anbieter eines Arzneimittels mit einem Anhaltspunkt auf einen geringen Zusatznutzen in nur einer Patientengruppe kann nicht eine Situation zugrunde legen, als würde ihn der AMNOG-Prozess in einen Solisten in diesem Segment verwandeln.

Die Ergebnisse der frühen Nutzenbewertung basieren grundsätzlich auf Zulassungsstudien. Die Kenntnisse zu patientenrelevanten Endpunkten sind zu diesem Zeitpunkt häufig noch sehr gering. Der medizinische Nutzen muss über die folgenden Jahre in der Versorgungsrealität Bestätigung finden. Vertragsärzte haben daher gute Gründe für ein abwartendes Verordnungswechselverhalten gegenüber neuen Produkten: Als überaus sinnvoll erachtet der GKV-Spitzenverband daher auch die Nutzenbewertung als zyklischen Prozess zu gestalten, also bei Vorliegen neuer belastbarer Daten den Zusatznutzen zu aktualisieren und auf dessen Basis in erneute Preisverhandlungen zu treten.

6. AMNOG-gerechter Einsatz neuer Arzneimittel!

In der Praxis ist tatsächlich eher die Kehrseite der beklagten Unterversorgung zu verzeichnen, nämlich eine Versorgung von Patienten in Patientengruppen ohne erwiesenen Zusatznutzen. So schätzt der G-BA in einem Fall die Prävalenz auf insgesamt 9.500 Patienten in Deutschland. Davon können nach der Nutzenbewertung aber nur 1.500 Patienten einen Zusatznutzen erwarten. Tatsächlich erhalten laut Abrechnungsdaten jedoch mehr als 6.000 Patienten das entsprechende Arzneimittel. Das wäre eine Versorgungsquote von über 400 %!

Der G-BA differenziert in seinen Nutzenbeschlüssen häufig zwischen unterschiedlichen Patientengruppen. Dabei kann es dazu kommen, dass für eine Gruppe ein Zusatznutzen nachgewiesen werden kann, für andere jedoch nicht. Aus dem Erfordernis eines einheitlichen Erstattungsbetrages pro Wirkstoff ergibt sich hierdurch nun eine komplizierte Abwägung für den Erstattungsbetrag: Für Patientengruppen mit Zusatznutzen kann neben anderen zu beachtenden Aspekten ein Aufschlag auf die zweckmäßige Vergleichstherapie ausgehandelt werden. Für solche ohne Zusatznutzen stellen die Jahrestherapiekosten der zweckmäßigen Vergleichstherapie die Obergrenze dar. Für Patientengruppen, für die ein geringerer Nutzen nachgewiesen wurde, werden Abschläge auf die Kosten der jeweiligen zweckmäßigen Vergleichstherapie ausverhandelt.

In keinem Fall kann daraus nun geschlussfolgert werden, dass die Verordnung eines Arzneimittels mit einem Erstattungsbetrag in jedem Fall wirtschaftlich ist. Dies ist genauso wenig zutreffend wie für den Fall eines Festbetragsarzneimittels. Die Fragen der Zweckmäßigkeit und Wirtschaftlichkeit der Verordnung eines Arzneimittels sind für die GKV in jedem Fall essentiell (§ 12 SGB V). Bei Arzneimitteln, deren Erstattungsbetrag unter Berücksichtigung differenzierter Patientengruppen vereinbart wurde, ist die Verordnung in besonderem Maße und stets im Einzelfall zu bewerten. Keinesfalls wird die Prüfung auf Wirtschaftlichkeit durch einen Erstattungsbetrag im Einzelfall obsolet. Die Letztverantwortung für die Wirtschaftlichkeit trägt weiterhin der Vertragsarzt (u. a. BSG, 20.03.1996 – 6 RKa 62/94).

Bereits heute liegt es in der Hand der pharmazeutischen Unternehmer, diese komplizierten Erwägungen zu vereinfachen. Sollen Patientengruppen ohne nachweisbaren Zusatznutzen in der Versorgung und der Erstattungsbetragsverhandlung nicht berücksichtigt werden, besteht für ihn die Möglichkeit, die Zulassung ausschließlich auf bestimmte Patientengruppen zu fokussieren.

Die gesetzlichen Möglichkeiten für Erstattungsausschlüsse in Abhängigkeit von Nutzenbeschlüssen müssten erst noch geschaffen werden. Vorbild dafür können analoge Verfahren im EU-Ausland sein. Ausgehend vom gefassten Nutzenbeschluss wären prinzipiell ex post verbindliche Teilverordnungsausschlüsse für bestimmte Patientengruppen denkbar. Diese Möglichkeit sollte der Gesetzgeber am besten durch eine explizite Klarstellung in § 92 SGB V als gesondertes Verfahren des G-BA mit gesetzlich fixierten Maximalfristen etablieren. Noch vor Markteinführung, also ex ante, wären Ausschlüsse realisierbar, wenn die Nutzenbewertung noch vor der Markteinführung abgeschlossen ist. Der versorgungspolitische Charme dieser Variante läge darin, die Versorgungsstrukturen von vornherein nutzenorientiert zu steuern. In jedem Fall müssen begleitend die technischen Voraussetzungen für ein subgruppengenaues Monitoring der Verordnungen des Arztes und damit eine subgruppenspezifische Codierung geschaffen werden.

Am Fehlen dieser technischen Voraussetzungen scheitern bis heute auch Vereinbarungen von Praxisbesonderheiten. Eine pauschale Vereinbarung einer Praxisbesonderheit für einen Wirkstoff mit unterschiedlichem Zusatznutzen in den Patientengruppen würde den gesetzlichen Vorgaben nicht gerecht werden.

7. Fazit

Der bisherige Umsetzungsstand des AMNOG zeigt: Das Instrument der Erstattungsbetragsverhandlungen ist handhabbar und funktioniert. Die dem AMNOG zugrundeliegenden Konzepte sind richtig und die Ziele des Gesetzgebers können erreicht werden. Die Wirkung des AMNOG korreliert mit der Zeit und mit geeigneten Anpassungen des gesetzlichen Rahmens.

Es ist in jedem Fall davon auszugehen, dass ein umfassend gedachtes Nutzenkonzept größeren Erfolg verspricht. Neben der oben betrachteten Einbeziehung des Bestandsmarktes ist dabei auch an die fortlaufende Bewertung der neuen Arzneimittel in der Zeit zu denken. Ebenso sollten Orphan Drugs bereits ab einer Umsatzgrenze von 30 Mio. EUR nutzenbewertet werden. Tests bzw. diagnostische Verfahren, die dem Arzneimitteleinsatz vorgelagert sind und den Einstieg in die personalisierte Medizin eröffnen, sollten dringend in ein zum AMNOG analoges Nutzenbewertungsverfahren einbezogen werden.

Literaturnachweise

Haas, A. (13.10.2014): Interview „Der Arzt erhält wertvolle Informationen", in: ÄrzteZeitung.

Haas, A./Tebinka-Olbrich, A. (2014): Nutzenorientierte Medikamentenpreise – Das Arzneimittelneuordnungsgesetz AMNOG, in: Pfeiffer/ v. Stackelberg/Kiefer (Hrsg.), GKV-Lesezeichen 2014, Neues bewerten – Bewährtes erneuern, Beiträge zur Gesundheits- und Pflegepolitik, S. 8–43.

Kleinfeld, A./Luley, C. (2014): Durchsetzung innovativer Wirkstoffe nach der frühen Nutzenbewertung, Monitor Versorgungsforschung, Nr. 02, S. 48 ff.

Schaufler, J./Telschow C. (2014): Ökonomische Aspekte des deutschen Arzneimittelmarktes 2013, in Schwabe, U. / Paffrath D. (Hrsg.): Arzneiverordnungs-Report 2014, Springer-Verlag Berlin Heidelberg, S. 197 ff.

Schwabe, U. (2013): Rezepturarzneimittel, in Schwabe, U./Paffrath D. (Hrsg.): Arzneiverordnungs-Report 2014, Springer-Verlag Berlin Heidelberg, S. 121 ff.

Schwabe, U. (2014): Drei Jahre Nutzenbewertung von neuen Arzneimitteln gemäß AMNOG, in: Schwabe, U./Paffrath D. (Hrsg.): Arzneiverordnungs-Report 2014, Springer-Verlag Berlin Heidelberg, S. 147 ff.

Vfa (2014): PM 021: http://www.vfa.de/de/presse/pressemitteilungen/pm 021-2014-qualitaetsgerechte-versorgung-bleibt-noch-utopie.html.

von Stackelberg J./Tebinka-Olbrich A. (2015): Erstattungsbetragsverhandlungen bei innovativen Arzneimitteln aus Sicht des GKV- Spitzenverbandes, in: Wille, E. (Hrsg.): Versorgungsdefizite im deutschen Gesundheitswesen, 18. Bad Orber Gespräche über kontroverse Themen im Gesundheitswesen; Reihe: Allokation im marktwirtschaftlichen System – Band 69, Frankfurt am Main u. a., 2015.

Christopher Hermann

Zentrale versus dezentrale Preisverhandlungen bei Arzneimitteln

I. Zentrale Preisverhandlungen – Das AMNOG

1. Anspruch und Wirklichkeit

Am 1. Januar 2011 ist das Gesetz zur Neuordnung des Arzneimittelmarktes (AMNOG) in Kraft getreten. Zentrales Ziel des AMNOG ist es, die rasant steigenden Arzneimittelausgaben der gesetzlichen Krankenkassen einzudämmen[1].

Mit der Neuregelung hat die verantwortliche Politik nicht zuletzt die Vorstellung verbunden, 2 Mrd. Euro Einsparung pro Jahr zu erreichen.[2] Voraussetzung hierfür wäre allerdings ein (gleichzeitiger) Aufruf des gesamten Bestandsmarktes und eine 100-prozentige Marktdurchdringung von neuen Arzneimitteln alsbald nach Markteinführung gewesen.

In den Jahren 2012 und 2013 wurden allerdings lediglich 180 Mio. Euro insgesamt eingespart[3]. Zum einen wurde die mit dem AMNOG vorgesehene Einbeziehung des Bestandsmarktes zwischenzeitlich rückgängig gemacht und zum anderen werden in der Einführungsphase neuer Produkte oftmals zunächst relativ niedrige Umsätze erzielt, die erst in der nachfolgenden Wachstumsphase stark ansteigen. Der (weitgehende) Wegfall des erhöhten Herstellerabschlags (Absenkung von 16 auf 7 %-Punkte)[4] wird die GKV in den nächsten Jahren darüber hinaus zusätzlich belasten.

Tatsächlich kommt es zu Preissteigerungen auch unter Geltung von Erstattungsbeträgen. Hersteller wissen bei Markteinführung, dass sie allein im ersten Jahr freie Preisbildung genießen und danach der Preis in der Regel abgesenkt

---

1 BGBl. I, S. 2262; Beschreibung des AMNOG durch das Bundesministerium für Gesundheit (http://www.bmg.bund.de/glossarbegriffe/a/das-gesetz-zur-neuordnung-des-arzneimittelmarktes-amnog.html; 19.02.2015)
2 BT- Drucksache 17/2413, Entwurf eines Gesetzes zur Neuordnung des Arzneimittelmarktes
3 Nach Angaben des GKV-Spitzenverbandes wurde die GKV durch die in 29 Verfahren über ausgehandelte Erstattungsbetragsverhandlungen vereinbarten bzw. von der Schiedsstelle festgesetzten Erstattungsbeträge um diesen Betrag entlastet – BT-Drucksache 18/188
4 14. SGB V-Änderungsgesetz, BGBl. I, S. 261 ff.

wird. Die Preisverhandlungen haben einer solchen Strategie nichts entgegenzusetzen. So ist beim Nettoumsatz der teuren Arzneimittel auch bei der AOK Baden-Württemberg im Vergleichszeitraum 2009 bis 2014 (jeweils 1. Quartal) ein stetiger Anstieg zu verzeichnen (vgl. Übersicht 1):

Übersicht 1

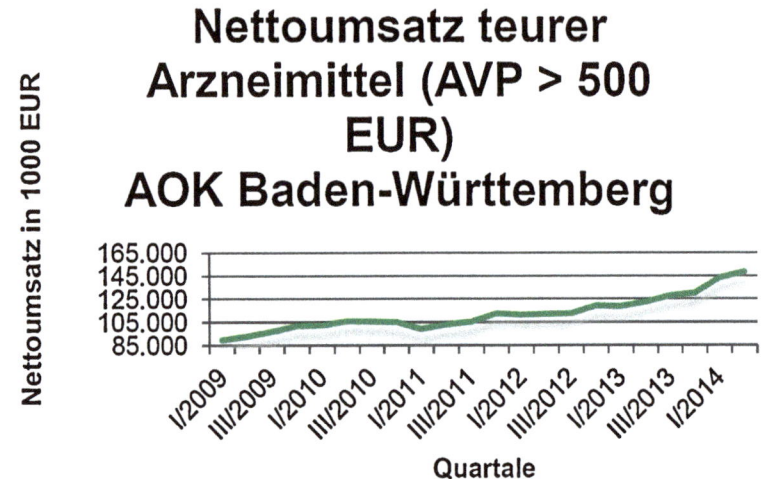

Quelle: Abrechnungsdaten AOK Baden-Württemberg

2. Strategieanfälligkeit des zentralen AMNOG-Verfahrens

Der über das AMNOG-Verfahren festzulegende zusatznutzenbezogene Status eines neuen Arzneimittels liegt im Steuerungsregime der pharmazeutischen Unternehmen. Für das arzneimittelrechtliche Zulassungsverfahren werden Studien benötigt, die auf die dort maßgeblichen Parameter ausgerichtet sind. Diese – vorhandenen – Studien werden regelmäßig auch im Rahmen des AMNOG-Verfahrens vorgelegt. Allerdings kommt es im AMNOG-Prozess auf andere Parameter an als im vorangegangenen Zulassungsverfahren. Möglicherweise stimmt bereits die Vergleichstherapie des Zulassungsverfahrens nicht mit der vom Gemeinsamen Bundesausschuss (G-BA) festgelegten Vergleichstherapie im Rahmen des AMNOG-Verfahrens überein.

Anhand verschiedener Beispiele kann die Strategieauffälligkeiten verdeutlicht werden:

a) Innovationen mit Status „Anhaltspunkt" für Zusatznutzen für Subpopulation **Sitagliptin (Januvia®/Xelevia®)**
Januvia® und Xelevia® werden als orale Antidiabetika bei erwachsenen Patienten mit Typ-2-Diabetes mellitus eingesetzt.
Der G-BA hat einen „Anhaltspunkt für einen geringen Zusatznutzen" bei einer Subpopulation von ca. 60 % – mehr als 1 Mio. Patienten –[5] festgesetzt. Die Ergebnissicherheit ist beim Status „Anhaltspunkt" als gering bis mäßig definiert. Die Überlegenheit gegenüber der Vergleichstherapie ist mithin äußerst gering. Gleichwohl kam es bei der relativ hohen Gesamtpopulation und der angegebenen Subpopulation in Höhe von 60 % zu hohen Ausgaben für die gesetzlichen Krankenkassen, da trotz der schwachen Aussagesicherheit und dem geringen Ausmaß des festgestellten Zusatznutzens allein die Anzahl der Versicherten zu Kostensteigerungen führt.

b) Undifferenzierte Wirtschaftlichkeitsaussage nach Preisverhandlung **Apixaban (Eliquis®)**
Eliquis® wird zur Prophylaxe von Schlaganfällen und systemischen Embolien bei erwachsenen Patienten mit nicht-vavulärem Vorhofflimmern (NVAF) eingesetzt.
Bei diesem Arzneimittel hat der G-BA einen „Hinweis auf geringen Zusatznutzen" festgestellt. Fraglich ist, ob dieser festgestellte geringe Zusatznutzen gegenüber der Vergleichstherapie mit Warfarin[6] bestehen bliebe, wenn alle Patienten unter Warfarin-Therapie hinsichtlich ihres INR-Wertes gut eingestellt wären[7]. Der Hersteller hat den „Hinweis" dazu benutzt, in einem Flyer allein auf den „Zusatznutzen" hinzuweisen und damit undifferenziert in Fachkreise kommuniziert, was zu einem sprunghaften Verordnungsanstieg führte.

---

5 bei einer Gesamtpopulation von 1,8 Mio. Versicherten.
6 Vitamin-K-Antagonist. Bei dieser Arzneimittelgruppe ist im Gegensatz zu den NOAK/DOAKs ein Therapiemonitoring erforderlich (INR-Wert-Bestimmung).
7 Die EMA stellt fest, dass die TTR (Anm.: Time in Therapeutic Range = Zeit des Patienten im INR-Zielbereich zwischen 2 und 3) einen maßgeblichen Einfluss auf die Studienergebnisse hat. Die Überlegenheit von Apixaban gegenüber Warafin war geringer bzw. ging ganz verloren in Situationen, in denen der INR-Wert gut eingestellt war – Quelle: Tragende Gründe zum Beschluss des G-BA über eine Änderung der Arzneimittel-Richtlinien (AM-RL): Anlage XII – Beschlüsse über die Nutzenbewertung von Arzneimitteln mit neuen Wirkstoffen nach § 35a SGB V – Apixaban (neue Anwendungsgebiete).

c) Keine Rückwirkung vereinbarter Preise auf 12 Monate nach der Markteinführung und „Opt out"-Vorgehen.
Perampanel (Fycompa®)
Fycompa® dient als Zusatztherapie fokaler Anfälle bei Epilepsiepatienten ab dem 12. Lebensjahr.
Das pharmazeutische Unternehmen hat das Arzneimittel im September 2012 in den Markt eingeführt. Nachdem der G-BA im März 2013 seinen Beschluss gefasst hatte, legte die Schiedsstelle im November 2013 den Erstattungsbetrag fest. Die Ausgaben für Verordnungen zwischen Markteinführung und „opt out" im Juli 2013 betrugen bei der AOK Baden-Württemberg ca. 640.000 Euro. Würde der Erstattungsbetrag eine Rückwirkung zur Markteinführung enthalten, hätte die AOK Baden-Württemberg einen Rückerstattungsbetrag gegenüber dem pharmazeutischen Unternehmen für den Zeitraum zwischen Markeinführung und „opt out" in Höhe von 575.000 Euro für in diesem Zeitraum angefallene Rabatte geltend machen können. In diesem Fall wären mithin ca. 90 % des Ausgabevolumens den Krankenkassen über Rabatte des pharmazeutischen Unternehmens wieder zugute gekommen.
Das Beispiel verdeutlicht ein strategisches Kalkül in Abhängigkeit vom festgesetzten Erstattungsbetrag. Wird der Erstattungsbetrag dem nicht belegten Zusatznutzen entsprechend niedrig festgesetzt, wählen pharmazeutische Unternehmen ein „opt-out-Vorgehen" und opfern damit bewusst den deutschen Markt, um in anderen Ländern ihre Hochpreispolitik fortsetzen zu können. Bisher sind bei sechs Wirkstoffen solche Vorgehensweisen feststellbar[8].
d) Nominale Einsparungen (ApU alt abzüglich Erstattungsbetrag) vs. Preisaufschlag des pharmazeutischen Unternehmens zur Markteinführung
Dabrafenib (Tafinlar®)
Bei diesem Medikament handelt es sich um eine Monotherapie von erwachsenen Patienten mit BRAFV600-Mutation-positivem, nicht-resezierbarem oder metastasiertem Melanom.
Der G-BA hat keinen Zusatznutzen festgestellt. Dem pharmazeutischen Unternehmen gelang es jedoch, im Verfahren von der zunächst betrachteten Vergleichstherapie mit Dacarbazin (mit Jahrestherapiekosten von ca. 4.400 Euro) auf eine andere Vergleichstherapie mit Vemurafenib (mit Jahrestherapiekosten

---

8   Prominentestes Beispiel: Retigabin (Trobalt®), das bei der relativ schwierigen Indikation Epilepsie eingesetzt wird. Um hier Versicherte weiterversorgen zu können, müssen Importe nach § 73 AMG erfolgen. Ein weiteres aktuelles Beispiel: Canagliflozin (Invokana®), das bei Typ-2-Diabetes-mellitus eingesetzt wird. Dort wurde kein Zusatznutzen in der G-BA- Bewertung festgestellt.

von 93.000 Euro) umzusteuern. Bei nicht festgestelltem Zusatznutzen gilt bei der Festlegung des Erstattungsbetrages der Kostenansatz für die entsprechende Vergleichstherapie.
Durch diese strategische Maßnahme im Bewertungsverfahren verstand es das pharmazeutische Unternehmen, sich eine wesentlich bessere Ausgangsposition zur Festlegung des Erstattungspreises zu verschaffen.

Die Beispiele zeigen, wie das bestehende AMNOG-Verfahren in der praktischen Anwendung interessengeleitet umgesetzt wird.

3. Uneinheitliche Nutzenbewertungsverfahren

Die abschließenden Bewertungen des G-BA in der Nutzenbewertung nach § 35a Abs. 3 SGB V unterscheiden sich in etlichen Fällen von den Bewertungen des Instituts für Qualität und Wirtschaftlichkeit im Gesundheitswesen (IQWiG) nach § 35a Abs. 2 SGB V.

So hat bei **Belimumab (Benlysta®)** das IQWiG einen Zusatznutzen für diese Zusatztherapie bei erwachsenen Patienten mit aktivem, Autoantikörper-positiven systemischen Lupus erythematodes nicht erkennen können, während der G-BA einen „Hinweise für beträchtlichen Zusatznutzen" festgestellt hat.

Bei **Sofosbuvir (Sovaldi®)**, einem Arzneimittel gegen chronische Hepatitis C (CHC) bei Erwachsenen in Kombination mit anderen Arzneimitteln, hat das IQWiG den Hinweis auf nicht quantifizierbaren Zusatznutzen für eine Subpopulation von ca. 5 % aller Patienten festgestellt, während der G-BA für diesen Patientenkreis schließlich einen Hinweis auf beträchtlichen Zusatznutzen festgelegt hat. Darüber hinaus hat der G-BA zusätzlich Anhaltspunkte für einen geringen Zusatznutzen für eine weitere, erheblich größere Subpopulation von 46 % aller Patienten beschlossen.

Solche Differenzen zwischen IQWiG-Nutzenbewertung und G-BA-Beschluss in einem Verfahren, das ganz wesentlich auf Transparenz ausgelegt ist, sind nicht überzeugend und können die Objektivität des Vorgehens gerade nicht belegen.

II. Vorteile dezentraler Preisverhandlungen

1. Versorgung geschieht vor Ort

Gesetzliche Krankenkassen können grundsätzlich regionale Versorgungskompetenzen für sich in Anspruch nehmen.

Im Gegensatz zur zentralistischen Strukturierung des AMNOG-Verfahrens hat eine gesetzliche Krankenkasse, die sich auch als Versorgerkrankenkasse versteht, unmittelbar Zugang sowohl zu den Versicherten als auch zu den Leistungserbringern. Sie kennt die vorhandenen Versorgungsstrukturen, insbesondere hat sie Kenntnis zur regionalen Versorgungsrealität.

Bei dezentralen Preisverhandlungen können Krankenkassen auch ihre Kenntnis des regionalen Arzneimittelversorgungsbedarfs nutzen. Eine Selektivvertragsarchitektur kann auf diese Weise zu einer nutzenoptimierten Versorgungssteuerung führen. Krankenkassen bringen dabei nicht zuletzt ihr Unternehmensinteresse an effizientem Versorgungsmanagement gegenüber Versicherten und pharmazeutischen Unternehmen ein.

Werden Preisverhandlungen gezielt im Rahmen von Selektivverträgen (§§ 73b, c und 140a ff. SGB V) umgesetzt, erleichtert dies eine verbesserte Versorgungsqualität zum Vorteil der betroffenen Patienten. Gleichzeitig wird für den pharmazeutischen Unternehmer der Marktzugang im Rahmen des festgestellten Zusatznutzens optimiert. Ein Arzneimitteleinsatz bei Patienten außerhalb einer rationalen Pharmakotherapie wird minimiert. Insgesamt steigt die Versorgungsqualität.

2. Regionale Erfolgsmodelle

Bestätigt hat sich ein solches regionales Vorgehen bei der AOK Baden-Württemberg, wie das Beispiel der Therapie bei Makuladegeneration (IVOM) belegt:

Der Vertrag nach § 73c SGB V zur besonderen ambulanten Versorgung im Bereich der Intravitrealen operativen Medikamentenapplikation (IVOM) für Versicherte der AOK Baden-Württemberg wurde zwischen der AOK Baden-Württemberg, der Managementgesellschaft QMBW GmbH und zwischen den, diesem Vertrag beigetretenen, niedergelassenen Vertragsärzten, medizinischen Versorgungszentren, ermächtigten Ärzten und Hochschulambulanzen geschlossen. Zwischenzeitlich nehmen nahezu alle in Baden-Württemberg ansässigen Ophthalmochirurgen teil. Mehr als 12.000 Versicherte haben sich in diesen Vertrag eingeschrieben. Eine Anzahl von (teilweise) bundesweit tätigen Apotheken, die dem IVOM-Vertrag gemäß § 73c SGB V beigetreten sind, stellt u. a. die qualitätsgesicherte Herstellung und Belieferung der benötigten Medikamente sicher.

Dabei bringt allein die Krankenkasse als wesentlicher Mitakteur am Versorgungsgeschehen Arzt und Apotheker zusammen. Das Sachleistungsprinzip konnte über eine intelligente Vertragskonstruktion lange vor der Einführung der entsprechenden EBM-Ziffer durch den Bewertungsausschuss umgesetzt werden. Im Ergebnis werden die Versicherten optimal versorgt, Ärzte adäquat vergütet und es ist ein strukturiertes Verfahren etabliert. Eine effektive Qualitätssicherung auf der Grundlage von evidenzorientierten Behandlungspfaden wurde implementiert. Eine Registerdokumentation und -abrechnung sowie eine qualitätsgesicherte Arzneimittelversorgung schaffen Versorgungsqualität auf Studienniveau. Dabei wird eine rationale Pharmakotherapie mit erheblichen Effizienzgewinnen gegenüber dem Verfahren des Kollektivsystems zum Wohl der betroffenen Patienten umgesetzt.

Auch eine zielorientierte Hepatitis C-Versorgung wird auf dieser Basis bei der AOK Baden-Württemberg angegangen:

Mit einem regionalen Versorgungskonzept werden hierbei Ärzte und Hersteller für ein qualitätsgesichertes Behandlungskonzept zusammengeführt[9]. Ein Adhärenzmodul, für das vom pharmazeutischen Unternehmen Adhärenzhilfen zur Therapieunterstützung bereitgestellt werden, um Versicherte umfassend gut zu informieren und zu versorgen, wurde implementiert. Damit hat der behandelnde Arzt mehr Zeit, sich um die Belange der Patienten zu kümmern, was insgesamt die Therapietreue verbessern hilft. Damit erhöht sich auch hier die Effizienz der Versorgung, die Patienten sehen sich besser informiert und betreut.

3. Überregulierung abbauen – Kassenkompetenz stärken

Die regionale Verhandlungskompetenz der Krankenkasse ergibt sich wesentlich aus ihrer spezifischen Kenntnis des regionalen Marktes. Kosten werden dort verhandelt, wo sie auch tatsächlich entstehen. Eine solche Basis für das Verhandlungsregime zwischen unmittelbarem Leistungsträger und pharmazeutischem Unternehmen zielt auf eine bessere Versorgung der Patienten ab und vermeidet Überregulierung.

Im derzeitigen gesetzlichen Rahmen (§§ 130a, 130b und 130c SGB V) ist eine autonome Verhandlung zwischen Krankenkassen und pharmazeutischen Unternehmern vor der Vereinbarung oder Festsetzung des Erstattungsbetrags gehemmt.

Wenn der regionale Versorgungsbedarf der Versicherten und/oder die regionale Versorgungsstruktur dies als sinnvoll erscheinen lassen, sollte für Krankenkassen die Möglichkeit eröffnet werden, nach dem jeweiligen G-BA-Beschluss zum Zusatznutzen einzelner Arzneimittel Verträge gem. § 130c SGB V schließen zu können. Hier liegt es in der Kompetenz der einzelnen Krankenkasse, entsprechend zu handeln. Dabei müssen allerdings direkte Wirkungen auf den – später – zentral vereinbarten Erstattungsbetrag nach § 130b SGB V ausgeschlossen werden.

---

9 Module sind vorhanden für Boceprevir (Victrelis®), Telaprevir (Incivo®) und Simeprevir (Olysio®)

Ungeachtet dessen gilt, dass die vorhandene Überregulierung die Wahrnehmung regionaler Verhandlungskompetenz durch innovative Krankenkassen maßgeblich behindert. Vorgegeben ist nach § 130c SGB V die Berücksichtigung mindestens von:

- Nutzenbewertung und Kosten-Nutzen-Bewertung (§§ 35a, b SGB V)
- Richtlinien des G-BA (§ 92 SGB V)
- Arzneimittel-Richtgrößenvereinbarung (§ 84 SGB V), Option zu Regelungen zur bevorzugten Verordnung (§ 130c Abs. 3 SGB V)
- Informationspflicht gegenüber Vertragsärzten zu preisgünstigen verordnungsfähigen Leistungen und Bezugsquellen (§ 73 Abs. 8 SGB V)
- Analogieregelung zu § 130a Abs. 8 SGB V (Ausschreibungspflicht unter Anwendung des Kartellvergaberechts; §§ 97 ff. GWB)
- Information Versicherte/Ärzte vom Vertragsabschluss (§ 130c Abs. 2 SGB V)
- Option zu Praxisbesonderheit bei Wirtschaftlichkeitsprüfung (§ 130c Abs. 4 SGB V).

Auch Risk-Share-Verträge sind etwa dann zielorientierter umsetzbar, wenn der Therapieerfolg als Rabattdeterminante in Regionalverträgen nachhalt- und umsetzbar wird. Das Risiko ist abhängig vom regionalen Versichertenkollektiv und über die dezentralen Steuerungsmöglichkeiten definierbar. Vertragsmodelle können abhängig vom Wirkstoff und der Indikation bei variabler Therapiedauer oder Dosierung entwickelt werden.

Durch strukturierte Zusammenarbeit aller Beteiligten besteht die Chance, die Versorgungsqualität erheblich zu verbessern:

Eine variable Vertragsadjustierung nach Versorgungserfordernissen und -erkenntnissen kann auf der Grundlage eines dynamischen Marktumfelds mit dezentralen Strukturen erreicht werden. Darunter sind insbesondere der Ausbau begleitender Maßnahmen, die Anpassung an Indikationserweiterungen oder Indikationseinschränkungen zu verstehen. Ebenso sind Nachverhandlungen von Rabattverträgen bei Einführung weiterer kompetitiver Wirkstoffe bei der gleichen Indikation grundsätzlich problemlos umsetzbar (z. B. Sovaldi® → Olysio® → Daklinza®).

Allerdings behindert die vergaberechtliche Spruchpraxis zugunsten des Geschäftsmodells von Reimporteuren derzeit diesen Qualitätsanspruch in Bezug auf Versorgungs- und Arzneimittelqualität ganz erheblich. Insbesondere werden dadurch die Grundlagen für die Überprüfung der Zuverlässigkeit und Eignung

(Lieferfähigkeit) von möglichen Vertragspartnern deutlich eingeschränkt[10]. Auch hier besteht gesetzgeberisch dringender Deregulierungsbedarf zur besseren Absicherung von Versorgungssicherheit und Versorgungsqualität.

III. Die Politik ist am Zug

Vereinbarungen von Krankenkassen mit pharmazeutischen Unternehmen zu begleitenden Maßnahmen müssen vom Gesetzgeber ausdrücklich ermöglicht werden, etwa Therapieadhärenzprogramme eines pharmazeutischen Unternehmens bei hochkomplexen Arzneien. Eine Registerführung, das Monitoring und ein Benchmarking können eine qualitätsgesicherte Versorgung sicherstellen.

Die dezentrale Verhandlungskompetenz im Rahmen des § 130c SGB V gilt es, maßgeblich auszubauen. Dabei sollte einer regionalen Vereinbarung Vorrang eingeräumt werden, auch vor Abschluss des zentralen AMNOG-Preisverfahrens. Die bestehenden deutlichen Überregulierungen in § 130c SGB V, die erkennbar vom Misstrauen der politisch Verantwortlichen in regionale Vertragskompetenz und wettbewerbliche Versorgungsvielfalt innovativer Krankenkassen geprägt sind, gehören abgeschafft.

Qualitätsoptimierende Risk-Share-Verträge sind zu ermöglichen. Dabei ist zu berücksichtigen, dass von einem funktionierenden Wettbewerb zwischen Reimporteuren und Originatoren gerade bei innovativen Arzneimitteln kaum noch die Rede sein kann. Therapierelevante Zusatzleistungen müssen bei innovativen Arzneimitteln in Arzneimittel-Rabattverträgen über die unmittelbare Einbindung der pharmazeutischen Unternehmen in die Versorgung (§§ 73b, c, 140a ff. SGB V) ermöglicht werden. Dazu muss die Politik die notwendigen rechtlichen Rahmenbedingungen schaffen.

Unter solchen optimierten Voraussetzungen könnte ein nachhaltig spannender Prozess von innovativen Krankenkassen gemeinsam mit Ärzten, Apothekern, Patienten und pharmazeutischen Unternehmen zur Verbesserung der Versorgung etabliert werden.

---

10 Vgl. insb. Beschluss des OLG Karlsruhe vom 20. Dezember 2013, 15 Verg 6, 7 und 8/13, Beschluss des OLG Düsseldorf vom 19. November 2014, VII-Verg. 30/14

Verzeichnis der Autoren

Dr. Jan Bungenstock
Verband Forschender Arzneimittelhersteller e. V.
Markt und Erstattung
Hausvogteiplatz 13
10117 Berlin

Professor Dr. Dieter Cassel
Gerhard-Mercator-Universität Duisburg
Fakultät 3 – Wirtschaftswissenschaften
Lotharstraße 65
47048 Duisburg

Sabine Dittmar
Mitglied des Deutschen Bundestages
Deutscher Bundestag
Platz der Republik 1
11011 Berlin1

Dr. Markus Frick
Verband Forschender Arzneimittelhersteller e. V.
Geschäftsführer Markt und Erstattung
Hausvogteiplatz 13
10117 Berlin

Dipl. Volkswirtin
Irmtraut Gürkan
Universitätsklinikum Heidelberg
Kaufmännische Direktorin
Stellv. Vorstandsvorsitzende
Im Neuenheimer Feld 672
69120 Heidelberg

Dr. Julia Sophia Habbe
Wirtschaftskanzlei Noerr
Börsenstraße 1
60313 Frankfurt

Professor Josef Hecken
Vorsitzender des Gemeinsamen Bundesausschusses
Wegelystraße 8
10623 Berlin

Michael Hennrich, MdB
Büro Michael Hennrich, MdB.
Deutscher Bundestag
Platz der Republik 1
11011 Berlin

Dr. Christopher Hermann
Vorsitzender des Vorstands der AOK Baden-Württemberg
Heilbronner Straße 84
70191 Stuttgart

Dr. Anja Tebinka-Olbricht
Spitzenverband der Krankenkassen
Abteilung Arznei- und Heilmittel
Reinhardtstraße 28
10117 Berlin

Frank Schöning
BAYER VITAL GmbH
Geschäftsführer Pharmaceuticals
Gebäude K56
51368 Leverkusen

Johann-Magnus von Stackelberg
Mitglied des Vorstands
Spitzenverband der Krankenkassen
Reinhardtstraße 28
10117 Berlin

Professor Dr. Petra A. Thürmann
HELIOS Klinikum Wuppertal
Philipp Klee-Institut für Klinische Pharmakologie
Heusnerstraße 40
42283 Wuppertal

Professor Dr. Volker Ulrich
Universität Bayreuth
Lehrstuhl für VWL III
Postfach
95440 Bayreuth

Professor Dr. Eberhard Wille
Josef-Braun-Ufer 23
68165 Mannheim

STAATLICHE ALLOKATIONSPOLITIK IM MARKTWIRTSCHAFTLICHEN SYSTEM

Band 1 Horst Siebert (Hrsg.): Umweltallokation im Raum. 1982.

Band 2 Horst Siebert (Hrsg.): Global Environmental Resources. The Ozone Problem. 1982.

Band 3 Hans-Joachim Schulz: Steuerwirkungen in einem dynamischen Unternehmensmodell. Ein Beitrag zur Dynamisierung der Steuerüberwälzungsanalyse. 1981.

Band 4 Eberhard Wille (Hrsg.): Beiträge zur gesamtwirtschaftlichen Allokation. Allokationsprobleme im intermediären Bereich zwischen öffentlichem und privatem Wirtschaftssektor. 1983.

Band 5 Heinz König (Hrsg.): Ausbildung und Arbeitsmarkt. 1983.

Band 6 Horst Siebert (Hrsg.): Reaktionen auf Energiepreissteigerungen. 1982.

Band 7 Eberhard Wille (Hrsg.): Konzeptionelle Probleme öffentlicher Planung. 1983.

Band 8 Ingeborg Kiesewetter-Wrana: Exporterlösinstabilität. Kritische Analyse eines entwicklungspolitischen Problems. 1982.

Band 9 Ferdinand Dudenhöfer: Mehrheitswahl-Entscheidungen über Umweltnutzungen. Eine Untersuchung von Gleichgewichtszuständen in einem mikroökonomischen Markt- und Abstimmungsmodell. 1983.

Band 10 Horst Siebert (Hrsg.): Intertemporale Allokation. 1984.

Band 11 Helmut Meder: Die intertemporale Allokation erschöpfbarer Naturressourcen bei fehlenden Zukunftsmärkten und institutionalisierten Marktsubstituten. 1984.

Band 12 Ulrich Ring: Öffentliche Planungsziele und staatliche Budgets. Zur Erfüllung öffentlicher Aufgaben durch nicht-staatliche Entscheidungseinheiten. 1985.

Band 13 Ehrentraud Graw: Informationseffizienz von Terminkontraktmärkten für Währungen. Eine empirische Untersuchung. 1984.

Band 14 Rüdiger Pethig (Ed.): Public Goods and Public Allocation Policy. 1985.

Band 15 Eberhard Wille (Hrsg.): Öffentliche Planung auf Landesebene. Eine Analyse von Planungskonzepten in Deutschland, Österreich und der Schweiz. 1986.

Band 16 Helga Gebauer: Regionale Umweltnutzungen in der Zeit. Eine intertemporale Zwei-Regionen-Analyse. 1985.

Band 17 Christine Pfitzer: Integrierte Entwicklungsplanung als Allokationsinstrument auf Landesebene. Eine Analyse der öffentlichen Planung der Länder Hessen, Bayern und Niedersachsen. 1985.

Band 18 Heinz König (Hrsg.): Kontrolltheoretische Ansätze in makroökonometrischen Modellen. 1985.

Band 19 Theo Kempf: Theorie und Empirie betrieblicher Ausbildungsplatzangebote. 1985.

Band 20 Eberhard Wille (Hrsg.): Konkrete Probleme öffentlicher Planung. Grundlegende Aspekte der Zielbildung, Effizienz und Kontrolle. 1986.

Band 21 Eberhard Wille (Hrsg.): Informations- und Planungsprobleme in öffentlichen Aufgabenbereichen. Aspekte der Zielbildung und Outputmessung unter besonderer Berücksichtigung des Gesundheitswesens. 1986.

Band 22 Bernd Gutting: Der Einfluß der Besteuerung auf die Entwicklung der Wohnungs- und Baulandmärkte. Eine intertemporale Analyse der bundesdeutschen Steuergesetze. 1986.

Band 23 Heiner Kuhl: Umweltressourcen als Gegenstand internationaler Verhandlungen. Eine theoretische Transaktionskostenanalyse. 1987.

Band 24 Hubert Hornbach: Besteuerung, Inflation und Kapitalallokation. Intersektorale und internationale Aspekte. 1987.

Band 25 Peter Müller: Intertemporale Wirkungen der Staatsverschuldung. 1987.

Band 26 Stefan Kronenberger: Die Investitionen im Rahmen der Staatsausgaben. 1988.

Band 27 Armin-Detlef Rieß: Optimale Auslandsverschuldung bei potentiellen Schuldendienstproblemen. 1988.

Band 28 Volker Ulrich: Preis- und Mengeneffekte im Gesundheitswesen. Eine Ausgabenanalyse von GKV-Behandlungsarten. 1988.

Band 29 Hans-Michael Geiger: Informational Efficiency in Speculative Markets. A Theoretical Investigation. Edited by Ehrentraud Graw. 1989.

Band 30 Karl Sputek: Zielgerichtete Ressourcenallokation. Ein Modellentwurf zur Effektivitätsanalyse praktischer Budgetplanung am Beispiel von Berlin (West). 1989.

ALLOKATION IM MARKTWIRTSCHAFTLICHEN SYSTEM

Band 31 Wolfgang Krader: Neuere Entwicklungen linearer latenter Kovarianzstrukturmodelle mit quantitativen und qualitativen Indikatorvariablen. Theorie und Anwendung auf ein mikroempirisches Modell des Preis-, Produktions- und Lageranpassungsverhaltens von deutschen und französischen Unternehmen des verarbeitenden Gewerbes. 1991.

Band 32 Manfred Erbsland: Die öffentlichen Personalausgaben. Eine empirische Analyse für die Bundesrepublik Deutschland. 1991.

Band 33 Walter Ried: Information und Nutzen der medizinischen Diagnostik. 1992.

Band 34 Anselm U. Römer: Was ist den Bürgern die Verminderung eines Risikos wert? Eine Anwendung des kontingenten Bewertungsansatzes auf das Giftmüllrisiko. 1993.

Band 35 Eberhard Wille, Angelika Mehnert, Jan Philipp Rohweder: Zum gesellschaftlichen Nutzen pharmazeutischer Innovationen. 1994.

Band 36 Peter Schmidt: Die Wahl des Rentenalters. Theoretische und empirische Analyse des Rentenzugangsverhaltens in West- und Ostdeutschland. 1995.

Band 37 Michael Ohmer: Die Grundlagen der Einkommensteuer. Gerechtigkeit und Effizienz. 1997.

Band 38 Evamaria Wagner: Risikomanagement rohstoffexportierender Entwicklungsländer. 1997.

Band 39 Matthias Meier: Das Sparverhalten der privaten Haushalte und der demographische Wandel: Makroökonomische Auswirkungen. Eine Simulation verschiedener Reformen der Rentenversicherung. 1997.

Band 40 Manfred Albring / Eberhard Wille (Hrsg.): Innovationen in der Arzneimitteltherapie. Definition, medizinische Umsetzung und Finanzierung. Bad Orber Gespräche über kontroverse Themen im Gesundheitswesen 25.–27.10.1996. 1997.

Band 41 Eberhard Wille / Manfred Albring (Hrsg.): Reformoptionen im Gesundheitswesen. Bad Orber Gespräche über kontroverse Themen im Gesundheitswesen 7.–8.11.1997. 1998.

Band 42 Manfred Albring / Eberhard Wille (Hrsg.): Szenarien im Gesundheitswesen. Bad Orber Gespräche über kontroverse Themen im Gesundheitswesen 5.–7.11.1998. 1999.

Band 43 Eberhard Wille / Manfred Albring (Hrsg.): Rationalisierungsreserven im deutschen Gesundheitswesen. 2000.

Band 44 Manfred Albring / Eberhard Wille (Hrsg.): Qualitätsorientierte Vergütungssysteme in der ambulanten und stationären Behandlung. 2001.

Band 45 Martin Pfaff / Dietmar Wassener / Astrid Sterzel / Thomas Neldner: Analyse potentieller Auswirkungen einer Ausweitung des Pharmaversandes in Deutschland. 2002.

Band 46 Eberhard Wille / Manfred Albring (Hrsg.): Konfliktfeld Arzneimittelversorgung. 2002.

Band 47 Udo Schneider: Theorie und Empirie der Arzt-Patient-Beziehung. Zur Anwendung der Principal-Agent-Theorie auf die Gesundheitsnachfrage. 2002.

Band 48 Manfred Albring / Eberhard Wille: Die GKV zwischen Ausgabendynamik, Einnahmenschwäche und Koordinierungsproblemen. 2003.

Band 49 Uwe Jirjahn: X-Ineffizienz, Managementanreize und Produktmarktwettbewerb. 2004.

Band 50 Stefan Resch: Risikoselektion im Mitgliederwettbewerb der Gesetzlichen Krankenversicherung. 2004.

Band 51 Paul Marschall: Lebensstilwandel in Ostdeutschland. Gesundheitsökonomische Implikationen. 2004.

Band 52 Eberhard Wille / Manfred Albring (Hrsg.): Paradigmenwechsel im Gesundheitswesen durch neue Versorgungsstrukturen? 8. Bad Orber Gespräche. 6.–8. November 2003. 2004.

Band 53 Eberhard Wille / Manfred Albring (Hrsg.): Versorgungsstrukturen und Finanzierungsoptionen auf dem Prüfstand. 9. Bad Orber Gespräche. 11.–13. November 2004. 2005.

Band 54 Brit S. Schneider: Gesundheit und Bildung. Theorie und Empirie der Humankapitalinvestitionen. 2007.

Band 55 Klaus Knabner / Eberhard Wille (Hrsg.): Qualität und Nutzen medizinischer Leistungen. 10. Bad Orber Gespräche, 10.–12. November 2005. 2007.

Band 56 Holger Cischinsky: Lebenserwartung, Morbidität und Gesundheitsausgaben. 2007.

Band 57 Eberhard Wille / Klaus Knabner (Hrsg.): Wettbewerb im Gesundheitswesen: Chancen und Grenzen. 11. Bad Orber Gespräche. 16.–18. November 2006. 2008.

Band 58 Christian Igel: Zur Finanzierung von Kranken- und Pflegeversicherung. Entwicklung, Probleme und Reformmodelle. 2008.

Band 59 Christiane Cischinsky: Auswirkungen der Europäischen Integration auf das deutsche Gesundheitswesen. 2008.

Band 60 Eberhard Wille / Klaus Knabner (Hrsg.): Die besonderen Versorgungsformen: Herausforderungen für Krankenkassen und Leistungserbringer. 12. Bad Orber Gespräche über kontroverse Themen im Gesundheitswesen. 15.–17. November 2007. 2009.

Band 61 Malte Wolff: Interdependenzen von Arzneimittelregulierungen. 2010.

Band 62 Eberhard Wille / Klaus Knabner (Hrsg.): Qualitätssicherung und Patientennutzen. 13. Bad Orber Gespräche über kontroverse Themen im Gesundheitswesen. 20.–21. November 2008. 2010.

Band 63 Eberhard Wille / Klaus Knabner (Hrsg.): Reformkonzepte im Gesundheitswesen nach der Wahl. 14. Bad Orber Gespräche über kontroverse Themen im Gesundheitswesen. 12.-13. November 2009. 2011.

Band 64 Eberhard Wille / Klaus Knabner (Hrsg.): Dezentralisierung und Flexibilisierung im Gesundheitswesen. 15. Bad Orber Gespräche über kontroverse Themen im Gesundheitswesen. 18.-19. November 2010. 2011.

Band 65 Eberhard Wille / Klaus Knabner (Hrsg.): Strategien für mehr Effizienz und Effektivität im Gesundheitswesen. 16. Bad Orber Gespräche über kontroverse Themen im Gesundheitswesen. 2013.

Band 66 Timo Wasmuth: Gesundheitsausgaben: Determinanten und Auswirkungen auf die Gesundheit. Theoretische Modellierung und empirische Analyse. 2013.

Band 67 Eberhard Wille (Hrsg.): Wettbewerb im Arzneimittel- und Krankenhausbereich. 17. Bad Orber Gespräche über kontroverse Themen im Gesundheitswesen. 2013.

Band 68 Christian Maier: Eine empirische Analyse der Anreize zur informellen Pflege. Impulse für Deutschland aus einem europäischen Vergleich. 2015.

Band 69 Eberhard Wille (Hrsg.): Versorgungsdefizite im deutschen Gesundheitswesen. 18. Bad Orber Gespräche über kontroverse Themen im Gesundheitswesen. 2015.

Band 70 Anke Schliwen: Versorgungsbedarf, Angebot und Inanspruchnahme ambulanter hausärztlicher Leistungen im kleinräumigen regionalen Vergleich. 2015.

Band 71 Eberhard Wille (Hrsg.): Verbesserung der Patientenversorgung durch Innovation und Qualität. 19. Bad Orber Gespräche über kontroverse Themen im Gesundheitswesen. 2015.

www.peterlang.com

www.ingramcontent.com/pod-product-compliance
Ingram Content Group UK Ltd.
Pitfield, Milton Keynes, MK11 3LW, UK
UKHW021822140426
5217IPUK00004B/47